传承红色基因系列

主　编

辛向阳

执行主编

陈志刚

编委会

辛向阳　李正华　樊建新　杨明伟

龚　云　林建华　陈志刚　杨凤城　李佑新

草原上的乌兰牧骑

季春芳◎著

人民日报出版社
北京

图书在版编目（CIP）数据

草原上的乌兰牧骑 / 季春芳著 . –– 北京：人民日
报出版社，2023.5

ISBN 978-7-5115-7795-5

Ⅰ . ①草… Ⅱ . ①季… Ⅲ . ①乌兰牧骑文艺宣传队—
发展 Ⅳ . ① G247

中国国家版本馆 CIP 数据核字（2023）第 084025 号

书　　　名：草原上的乌兰牧骑
　　　　　　CAO YUAN SHANG DE WU LAN MU QI
作　　　者：季春芳

出 版 人：刘华新
策 划 人：欧阳辉
责任编辑：周海燕　刘君羽
封面设计：元泰书装

出版发行：人民日报出版社
社　　　址：北京金台西路 2 号
邮政编码：100733
发行热线：（010）65369509　65369512　65363531　65363528
邮购热线：（010）65369530　65363527
编辑热线：（010）65369518
网　　　址：www.peopledailypress.com
经　　　销：新华书店
印　　　刷：大厂回族自治县彩虹印刷有限公司
法律顾问：北京科宇律师事务所　（010）83622312

开　　　本：710mm×1000mm　1/16
字　　　数：135 千字
印　　　张：11.75
版　　　次：2024 年 1 月第 1 版
印　　　次：2024 年 1 月第 1 次印刷

书　　　号：ISBN 978-7-5115-7795-5
定　　　价：58.00 元

总 序

传承红色基因 赓续伟大精神

人无精神则不立，国无精神则不强。习近平总书记在党史学习教育动员大会上指出："在一百年的非凡奋斗历程中，一代又一代中国共产党人顽强拼搏、不懈奋斗，涌现了一大批视死如归的革命烈士、一大批顽强奋斗的英雄人物、一大批忘我奉献的先进模范，形成了井冈山精神、长征精神、遵义会议精神、延安精神、西柏坡精神、红岩精神、抗美援朝精神、'两弹一星'精神、特区精神、抗洪精神、抗震救灾精神、抗疫精神等伟大精神，构筑起了中国共产党人的精神谱系。"[①]在庆祝中国共产党成立100周年大会上，习近平总书记进一步指出："一百年前，中国共产党的先驱们创建了中国共产党，形成了坚持真理、坚守理想，践行初心、担当使命，不怕牺牲、英勇斗争，对党忠诚、不负人民的伟大建党精神，这是中国共产党的精神之源。"[②]革命理想高于天。以伟大建党精神为源头的中国共产党人的

[①] 习近平：《在党史学习教育动员大会上的讲话》，《求是》2021年第7期。

[②] 习近平：《在庆祝中国共产党成立100周年大会上的讲话》，《人民日报》2021年7月2日第2版。

精神谱系，是我们党和国家红色基因的重要组成部分，已经深深融入中华民族的血脉和灵魂，成为鼓舞和激励中国人民不断艰苦奋斗、攻坚克难、从胜利走向胜利的强大精神动力。

中国共产党的党旗是红色的，中华人民共和国的国旗是红色的——红色是中国共产党和中华人民共和国最鲜亮的底色。红色基因是我们党的血脉和灵魂，是我们党的宝贵财富和精神力量。在革命战争年代，中国共产党人随时面临生死考验。第一次国共合作失败后，中华大地被白色恐怖笼罩，革命者血流成河，但是他们没有被血雨腥风吓倒。夏明翰身陷牢狱坚贞不屈，在给妻子的家书中发出"坚持革命继吾志，誓将真理传人寰"的豪迈誓言。1936年，共产党员赵一曼在与日军作战中负伤被俘，面对敌人的严刑拷打，她宁死不屈，从容就义，年仅31岁。在抗美援朝战争中，时任志愿军某部连长的杨根思，坚守阵地，在危急关头，抱起仅有的一包炸药，拉燃导火索，纵身冲向敌群，与敌人同归于尽，生命定格在28岁……

回顾历史，100多年来，我们党始终把为中国人民谋幸福、为中华民族谋复兴作为自己的初心使命，始终坚持共产主义理想和社会主义信念，遭遇无数艰难险阻，经历无数生死考验，付出无数惨烈牺牲，以"为有牺牲多壮志，敢教日月换新天"的大无畏气概，团结带领全国各族人民为争取民族独立、人民解放和实现国家富强、人民幸福而不懈奋斗，书写了中华民族几千年历史上最恢宏的史诗，创造了人类发展史上的伟大奇迹。习近平总书记强调："要深刻认识红色政权来之不易，新中国来之不易，中国特色社会主义来之不易。"

把红色基因传承好，确保红色江山永不变色，是我们的历史责任和光荣使命。党的二十大的主题是："高举中国特色社会主义伟大旗帜，全面贯彻新时代中国特色社会主义思想，弘扬伟大建党精神，自信自强、守正创新，踔厉奋发、勇毅前行，为全面建设社会主义现代化国家、全面推进中华民族伟大复兴而团结奋斗。"党的二十大闭幕后不到一周，习近平总书记带领新当选的二十届中共中央政治局常委瞻仰延安革命纪念地，庄严宣示新一届中央领导集体赓续红色血脉、传承奋斗精神，在新的赶考之路上向历史和人民交出新的优异答卷的坚定信念。新时代新征程，我们要牢记"三个务必"，牢记红色政权是从哪里来的、新中国是怎么建立起来的、新时代伟大变革的成就是如何取得的，坚定道路自信、理论自信、制度自信、文化自信，坚定历史自信，增强历史主动，谱写新时代中国特色社会主义更加绚丽的华章。

"传承红色基因"系列图书，坚持以习近平新时代中国特色社会主义思想为指导，旨在从党的百年伟大奋斗历程中汲取继续前进的智慧和力量，讲好红色故事、传承红色基因、赓续红色血脉，坚定理想信念，为全面建设社会主义现代化国家、全面推进中华民族伟大复兴凝聚强大精神力量。

是为序。

辛向阳

2023年11月29日

序

　　季春芳同志在中国社会科学院研究生院获得博士学位，当时我担任国史系主任并参加了她的博士答辩。不久后，她进入中国社会科学院与中国国家博物馆联合设立的博士后工作站，我又担任了她的博士后合作导师。她把即将出版的新作《草原上的乌兰牧骑》拿给我，要我为她的书稿写一篇序。作为多年来一直关注和见证她在理论上、学术上、研究上勤奋耕耘和不断进步的老师，很高兴为她的新著作序。

　　乌兰牧骑是中国文艺战线的一面旗帜，在新中国文化建设和发展史上产生了重要影响。1957年6月，第一支乌兰牧骑诞生于内蒙古自治区锡林郭勒盟苏尼特右旗。这支仅有9个人、2辆勒勒车、4件乐器的文艺工作队，集中代表了社会主义文艺的发展方向，又具有鲜明的草原民族特色，深受农牧民群众的喜爱和欢迎，很快在内蒙古地区得到普及。特别是经过1964年进京汇报演出和1965年全国巡回演出，乌兰牧骑迅速推广到全国。经过60多年的发展和提高，截至2022年，内蒙古各地活跃着75支乌兰牧骑，队员发展到3500多名，为广大农牧民送去了欢乐和文明，传递了党的声音和关怀。季春芳的新著分析了乌兰牧骑诞生的文化基础、地域基础、时代基础，比较完整地记述了乌兰牧骑60多年的发展历程和涌现出的主要代表人物、代表作品，为把乌兰牧骑更好记入国家历史提供了素材、奠定了基础。

乌兰牧骑的创建和发展，得到党和国家领导人的高度关注、热情鼓励和悉心指导。毛泽东同志和周恩来同志多次接见乌兰牧骑队员，极大鼓舞了乌兰牧骑队员们扎根基层、贴近生活、全心全意为农牧民服务的热情，有力促进了乌兰牧骑的发展和推广。1983年9月，邓小平同志在全国乌兰牧骑式演出队会演举办之际为乌兰牧骑题词："发扬乌兰牧骑作风，全心全意为人民服务。"2017年11月，习近平总书记给最早创办的内蒙古自治区苏尼特右旗乌兰牧骑队员们回信，高度评价了乌兰牧骑的成长与进步、深情与奉献，勉励乌兰牧骑队员们"大力弘扬乌兰牧骑的优良传统，扎根生活沃土，服务牧民群众，推动文艺创新，努力创作更多接地气、传得开、留得下的优秀作品，永远做草原上的'红色文艺轻骑兵'"。季春芳的新著把乌兰牧骑的文艺属性、民族属性和政治意识形态属性统一起来，突显了乌兰牧骑在坚持党对文艺工作领导、贯彻社会主义文艺方针和民族政策等方面的重要意义。

乌兰牧骑在60多年的发展历程中，培育和形成了忠诚于党、热爱人民、吃苦耐劳、甘于奉献、团结拼搏、勇于创新的乌兰牧骑精神，使之成为乌兰牧骑长盛不衰的重要精神支柱。季春芳的新著综合多方面研究成果，系统阐述了乌兰牧骑精神的主要内涵和鲜明特色，深入探讨了乌兰牧骑精神的重要作用、历史地位和时代意义。在全面建设

社会主义现代化国家、实现中华民族伟大复兴的新征程上，面对铸牢
中华民族共同体意识、建设社会主义文化强国、完善覆盖城乡的公共
文化服务体系、建设与中国式现代化相适应的中华民族现代文明等新
任务、新要求，如何弘扬乌兰牧骑精神、推进乌兰牧骑文化创新，仍
有许多需要深入探讨的理论空间和实践空间。愿季春芳同志在这些方
面继续作出新的努力并取得新的成果。

张星星

2023年8月

张星星，研究员，博士生导师。中华人民共和国国史学会秘书长，中国
社会科学院当代中国研究所原副所长。第十三届全国政协委员，第十三届全
国政协民族和宗教委员会委员。

★ 前 言

　　乌兰牧骑，蒙语原意为"红色的嫩芽"，意为红色文化工作队，是活跃在草原农舍和蒙古包之间的流动文艺团队。1957年，第一支乌兰牧骑诞生于内蒙古自治区锡林郭勒盟苏尼特右旗。60多年来，一代代乌兰牧骑队员迎风雪、冒寒暑，长期在戈壁、草原上辗转跋涉，以天为幕布，以地为舞台，为广大农牧民送去了欢乐和文明，传递了党的声音和关怀。

　　乌兰牧骑是社会主义文艺战线的一面旗帜，是社会主义文化服务人民群众的生动体现。马克思主义唯物史观认为，人民群众是社会历史的主体，是历史的创造者。社会主义文艺，从本质上讲，就是人民的文艺。文艺要反映好人民心声，就要坚持为人民服务、为社会主义服务这个根本方向。在1942年延安文艺座谈会上，毛泽东同志指出，"为什么人的问题，是一个根本的问题，原则的问题"，旗帜鲜明地强调文艺要为人民大众服务。1949年新中国成立后，翻身成为国家主人的广大农牧民，不仅对物质生活有了更高的要求，对文化生活也有了更多的期待。但由于浩瀚草原的辽阔空寂、游牧生活的流动艰辛等诸多客观原因，农牧民的文化生活还较为匮乏。尤其在牧区，牧民们长期观赏不到文艺演出、观看不到电影、阅读不到图书等情况，引起了党和国家领导人的高度关注。根据内蒙古自治区牧区及半农半牧区地广人稀、交通不便和居民较为分散的特点，一种组织精悍、装备轻便、人员一专多能、便于流动服务的小型综合性的文化工作队——乌兰牧骑诞生了！

1957年6月17日，乌兰牧骑建队典礼在苏尼特右旗温都尔庙原旗文化馆举行，第二天，由9人组成的第一支乌兰牧骑便踏上了下乡巡回演出的光荣征程。很快，内蒙古自治区的牧业旗和半农半牧旗都有了乌兰牧骑。乌兰牧骑队员们全心全意为人民服务，全力以赴发光发热，无论是风雪呼啸的寒冬，还是烈日当头的酷暑，都奔赴在为农牧民送文艺的路上。他们不仅在寒来暑往中为农牧民进行文艺演出，还积极发挥历史主动精神解决农牧民的实际困难，如帮助农牧民写信投信、寻医问药、理发买书等。必要情况下，他们还和农牧民一起进行生产劳动，参加各种与自然灾害的斗争。"哪里最困难，哪里最偏僻，就先到哪里送歌献舞"，成了乌兰牧骑人共同战斗的口号。随着时代的发展和社会的进步，草原农牧民的生产生活条件有了很大的改善和提高，但乌兰牧骑服务农牧民的初心不改，乌兰牧骑扎根于人民的情怀常在。

乌兰牧骑是马克思主义文艺观中国化的产物，是党的意识形态工作的具体体现。文艺，是一种特殊的意识形态。恩格斯在《致康·施米特》中指出，"艺术属于'更高地悬浮于空中的意识形态的领域'"。一方面，文艺作为意识形态具有反映社会现实的基本功能，文艺的意识形态性内含着认识属性。另一方面，文艺的意识形态性在功能上，又蕴含着强烈的实践意向，体现出艺术的活动主体对于一定的社会生活的价值评判，并通过这种反映和评判满足了主体特定的审美需求。新中国成立后，为巩固人民政权，捍卫人民革命成果，党在意识形态工作上作出了巨大努力。内蒙古自治区是我国成立最早的少数民族自治区，是祖国北疆安全稳定的屏障。20世纪中叶，内蒙古自治区的经济社会条件还欠发达，尤其是在地广人稀的草原戈壁，党的宣传思想工作还存在很多困难。但是，舆论这块阵地，你不占领，就有人来占领。"统治阶级的思想在每一时代，都是占统治地位的思想。这就是说，一个阶级是社会上占统治地位的物质力量，同时也是社会上占统治地位的精神力量。支配着物质生产资料的阶级，同时也支配着精神生产资料。"乌兰牧骑的成立，有助于做好党的意识形态工作。

乌兰牧骑成立后，以人民群众喜闻乐见的形式，向广大农牧民宣传党和国家的路线方针政策，在润物细无声中，加强了党的意识形态工作。乌兰牧骑创作了一大批接地气、传得开、留得下的优秀文艺作品，如《大漠绿海》《腾飞的骏马》《草原英雄小姐妹》等。这些具有鲜明民族性、地域性、时代性的文艺作品，在丰富农牧民文化生活的同时，也加强了对农牧民的爱国主义、集体主义、社会主义、共产主义和民族团结的思想教育。乌兰牧骑60多年栉风沐雨的艰苦奋斗，有助于密切党和人民群众的关系，有助于增强各族人民对伟大祖国、中华民族、中华文化、中国共产党、中国特色社会主义的认同，有助于社会主义思想文化在边疆少数民族群众中生根发芽，有助于巩固全党全国各族人民团结奋斗的共同思想基础。在深入服务群众过程中，乌兰牧骑还不断推进基层公共服务和公益事业发展，为新时代建立健全充满活力的基层群众自治制度、促进社会和谐稳定、推进国家治理体系和治理能力现代化发挥了积极作用。

60多年来，在一代代乌兰牧骑人的努力和见证下，乌兰牧骑取得了许多重大成就。以乌兰牧骑为载体，亦形成了忠诚于党、热爱人民、吃苦耐劳、甘于奉献、团结拼搏、勇于创新的乌兰牧骑精神。新时代我们要在新的起点上，大力弘扬乌兰牧骑的优良传统，不断传承乌兰牧骑的宝贵精神，推动文艺创新，坚定文化自信，建设中华民族现代文明，为全面建设社会主义现代化国家而团结奋斗！

目 录

总序 …………………………………………………………………… 001

序 ……………………………………………………………………… 005

前言 …………………………………………………………………… 009

第一章　乌兰牧骑精神的形成

第一节　乌兰牧骑精神形成的文化基础 ……………………………… 003

　　一、古老的游牧民族形成了底蕴深厚的蒙古文化 ……………… 003

　　二、悠久的蒙古文明形成了鲜明独特的精神品格 ……………… 008

第二节　乌兰牧骑精神形成的地域基础 ……………………………… 010

　　一、浩瀚的草原大漠孕育了多姿多彩的乌兰牧骑 ……………… 010

　　二、艰难的生存环境铸就了坚韧强大的乌兰牧骑 ……………… 013

　　三、农牧民的文化需求催生了为人民服务的乌兰牧骑 ………… 017

第三节　乌兰牧骑精神形成的时代基础 ……………………………… 018

　　一、时代更替促进了社会结构的转变 …………………………… 018

　　二、蒙汉交流促进了农牧区文化生活的变迁 …………………… 022

　　三、国家力量促进了新的意识形态的形成 ……………………… 026

第二章 乌兰牧骑精神的发展

第一节 乌兰牧骑的历史发展 ……………………………… 033

一、《在延安文艺座谈会上的讲话》提供思想指导 ………… 033

二、苏尼特大草原迎来了第一支乌兰牧骑 ………………… 036

三、乌兰牧骑奔赴全国 ……………………………………… 041

四、乌兰牧骑走向世界 ……………………………………… 046

五、乌兰牧骑发展蒸蒸日上 ………………………………… 049

六、乌兰牧骑逐渐大放光彩 ………………………………… 051

第二节 乌兰牧骑的代表人物 ……………………………… 054

一、伊兰 ……………………………………………………… 054

二、德德玛 …………………………………………………… 060

三、拉苏荣 …………………………………………………… 064

第三节 乌兰牧骑的代表作品 ……………………………… 068

一、《大漠绿海》 …………………………………………… 068

二、《腾飞的骏马》 ………………………………………… 071

三、《草原英雄小姐妹》 …………………………………… 073

第三章　乌兰牧骑精神的丰富内涵和显著特征

第一节　乌兰牧骑精神的丰富内涵 …………………………………… 081

　一、忠诚于党 ………………………………………………………… 081

　二、热爱人民 ………………………………………………………… 086

　三、吃苦耐劳 ………………………………………………………… 091

　四、甘于奉献 ………………………………………………………… 094

　五、团结拼搏 ………………………………………………………… 098

　六、勇于创新 ………………………………………………………… 101

第二节　乌兰牧骑精神的显著特征 ………………………………… 104

　一、本色——全心全意为人民服务 ………………………………… 104

　二、红色——中国社会主义文艺战线上的一面旗帜 ……………… 108

　三、特色——内蒙古大草原上的红色文艺轻骑兵 ………………… 112

　四、原色——艺术性与政治性相结合 ……………………………… 115

第四章　乌兰牧骑精神的重要作用、历史地位与时代意义

第一节　乌兰牧骑精神的重要作用 ······················· 123

　　一、淬炼草原轻骑兵的表演艺术 ····················· 123

　　二、丰富草原人民的文化生活 ······················· 127

　　三、滋养大众的精神世界 ··························· 132

　　四、发展社会主义文艺 ····························· 136

第二节　乌兰牧骑精神的历史地位 ····················· 141

　　一、草原文化的广阔延伸 ··························· 141

　　二、人民文艺的典型代表 ··························· 144

　　三、基层治理理念的具体体现 ······················· 148

第三节　乌兰牧骑精神的时代意义 ····················· 151

　　一、有助于不断满足人民日益增长的美好生活需要 ········· 151

　　二、有助于培育和践行社会主义核心价值观 ············· 155

　　三、有助于巩固全体人民团结奋斗的共同思想基础 ········· 158

　　四、有助于推进国家治理体系和治理能力现代化 ··········· 161

后记 ··· 167

第一章
乌兰牧骑精神的形成

　　乌兰牧骑，蒙语原意为"红色的嫩芽"，意为红色文化工作队，是活跃在草原农舍和蒙古包之间的文艺团队。乌兰牧骑是生长在草原上的绚烂之花。

　　古老游牧民族底蕴深厚的蒙古文化，悠久蒙古文明鲜明独特的精神品格，为乌兰牧骑精神的形成提供了丰厚滋养。浩瀚的草原大漠、艰难的生存环境和农牧民的文化需求，则为乌兰牧骑精神的形成提供了客观条件。而新旧时代的更替、农牧区文化生活的变迁、新的意识形态的形成，更为乌兰牧骑精神的形成奠定了时代基础。

第一节　乌兰牧骑精神形成的文化基础

一、古老的游牧民族形成了底蕴深厚的蒙古文化

辽阔的蒙古草原，在漫长的时空里，形成了独具特色的游牧文化。这一底蕴深厚的蒙古文化，为乌兰牧骑精神的孕育和形成提供了丰厚滋养。

13世纪初，成吉思汗统一草原部落，建立起横跨亚欧大陆的蒙古帝国。这一骨子里流淌着自由血液的游牧民族，开始了以国家形式整合社会力量的新的历史时期。这也成为蒙古文化和封建国家文明交汇的良好契机。

13世纪70年代，成吉思汗之孙忽必烈建立元朝，蒙古文化与中原文化交锋、融合并继续成长。蒙古文化继承了祖先东胡、鲜卑、室韦的狩猎文化，也融入了突厥、党项、契丹等其他少数民族的草原文化，在历史行进至近现代以后，蒙古文化还受到工业文化、城市文化的影响，从而演变成一种兼具民族特色和地域特色的综合型文化形态。

蒙古文化内涵丰富、特色鲜明，是中华文明长期保持多元内在气质所需的重要精神财富之一。也正是这一内涵丰富、特色鲜明的蒙

古文化，尤其是蒙古族的文学、音乐、舞蹈等，为乌兰牧骑精神的形成奠定了深厚基础。

蒙古族文学为乌兰牧骑精神的形成提供了沃土。根植于草原传统文化的蒙古族文学，在历史的沉淀中，积累了大量的神话传说、民间故事与英雄史诗等体裁多样的优秀作品。蒙古文化通过这些优秀作品传达出了蒙古族典型的激荡豪迈又自由浪漫的独特气质。同时，这些优秀作品，也为乌兰牧骑精神的直接载体——乌兰牧骑的产生提供了丰富题材和创作来源。

《蒙古秘史》是一部史传文学作品，全书共12卷，282节，篇幅宏大。该部作品以成吉思汗为中心，讲述了成吉思汗一生的传奇故事，歌颂了成吉思汗及其部将的伟大战略、坚强意志和强大魄力，并记述了蒙古族数百年形成、发展和壮大的历史。《蒙古秘史》内容涉及蒙古族古代游牧社会生产、生活的各个方面，整部作品在宏大叙事的同时，亦不失对细节的生动描述。

《江格尔》是一部蒙古族的大型英雄史诗，由数十部可以独立成篇（序诗除外）的完整故事组成。这部英雄史诗通过丰富的思想内容和生动的艺术形象，描绘了洋溢着草原生活气息的美好画面与生活图景，体现了蒙古民族特有的性格特征和审美情趣，在艺术风格上具有鲜明的民族特色。

《格萨（斯）尔》是迄今为止人类拥有的篇幅最长的活态史诗，由藏族和蒙古族等少数民族共同创造。藏族称其为《格萨尔》，蒙古族称其为《格斯尔》。该部作品讲述了格萨（斯）尔降伏妖魔、抑强扶弱、各民族和谐相处、建设美好家园的英雄故事。

蒙古族音乐为乌兰牧骑精神的形成提供了灵感。在悠久的历史长河中，蒙古族音乐逐渐发展成熟。以长期的生产生活为基础，蒙古族形成了旋律优美、气息宽阔、感情深沉的蒙古族音乐。这些音乐，是蒙古族人民情感意志的表达和精神风貌的反映，也是乌兰牧骑不可或缺的重要元素，更是乌兰牧骑精神的重要灵感来源。

蒙古族音乐有着自身鲜明的风格特点。蒙古族音乐曲调起伏较大，音域较宽，给人以辽阔、奔放的感觉，体现了蒙古族人民豪放的性格特征。在演唱方法上，真假嗓分别使用，并常伴以装饰音或装饰性颤音，在高亢、嘹亮、富有变化的同时，传递出活泼、委婉的情绪与风格。在节奏上，既有节奏较为明显的二拍子和四拍子，也有节奏较为不明显的舒缓曲风，且后者往往呈现出一种"曲调性强、节奏性弱"的风格，这与辽阔宽广的草原生活环境密不可分。

蒙古族有着许多独有的传统乐器。较为典型的有马头琴、四胡、火不思等。马头琴是蒙古民间的一种两弦乐器，属于弦乐器的一种。常见的马头琴一般长约一米，木制，琴身呈梯形，琴柄呈马头状，共鸣箱呈梯形，声音圆润，低回婉转，是蒙古族人民十分喜爱的乐器。四胡是最具蒙古族特色的乐器之一，分高音四胡、中音四胡和低音四胡三类。高音四胡音色明快、脆亮，多用于独奏、重奏、合奏；中低音四胡音色浑厚、圆润，擅长演奏抒情性乐曲。火不思，是我国古代北方游牧民族共同创制的一种弹弦乐器，发音清晰、明亮，音响圆润、淳厚，音色柔和、优美，富有辽阔草原的独特情调。

蒙古族音乐在民歌唱法上有多种表现形式。长调是蒙古民歌的主要艺术形式之一，主要流行于牧区。长调内部结构较为自由，题材集中表现在思乡、赞马、酒歌等方面，在一首民歌中所反映的内容多集中于一个侧面，很少有鸿篇巨制。短调与长调对比而得名，内部结构较规整，有的为两句式，有的为四句式或其他结构形式，乐句之间与唱词之间的结构、布局较长调民歌来说，更为协调、对称，流行非常广泛。内蒙古自治区各地的短调民歌，也因地域与部族的不同而各具风韵。潮尔蒙古族民歌中的多声部民歌，即由主旋律和一个持续音低声部形成的对比性复调音乐。该持续音多用本调的属音，任主旋律如何变化，下面的持续音不变。此外，沙漠调、爬山调、火调等唱法也是蒙古民歌中较为常见的曲调。

蒙古族舞蹈为乌兰牧骑精神的形成提供了重要基础。蒙古族的舞蹈文化与蒙古族人民群众的狩猎、游牧生活有着极为密切的联系。长期生活在草原地理环境和气候条件下的蒙古人民，自古以来崇拜天地山川和雄鹰图腾，这也为浑厚、含蓄又舒展、豪迈的蒙古族舞蹈提供了重要基础。蒙古族舞蹈最鲜明的特点，就是节奏明快、舞步轻捷，在一挥手、一扬鞭、一跳跃之间洋溢着蒙古人的纯朴、热烈、勇敢，表现了他们开朗豁达的性格和豪放英武的气质，具有强烈的民族特色。这些特色，也对乌兰牧骑精神产生了重要影响。

安代舞是蒙古族传统民间歌舞，是古代"踏歌顿足""连臂而舞""绕树而舞"等集体舞蹈的演变和发展。通常在场院里由几十到上百人围成大圆圈，圈里由两名歌舞能手对歌对舞，众人呼应踩脚、甩动衣襟伴舞伴唱，场面热烈、欢腾。新中国成立后，广大舞蹈工作者通过搜集、整理、改编、创新，使古老的安代舞发展为反映生活、表现时代的新的艺术形式，有在广场上自娱性的集体舞，也有在舞台上表演性的集体舞。

顶碗舞是鄂尔多斯蒙古族从元代传承下来的传统民间舞蹈。形式新颖、动作优美、气质高雅，具有浓郁的民族特点。顶碗舞在整个蒙古族民间舞蹈发展史上占据着重要位置。能歌善舞的鄂尔多斯人在婚宴和喜庆佳节的聚会上，由一人或两人头顶茶杯或碗，容器里盛满清水或奶酒，然后双手各拿两个酒盅或一束竹筷在歌声和乐声中翩翩起舞。顶碗舞的动作没有固定的套数，掌握好基本的动作和击盅、打筷子的规律之后，舞者现场即兴发挥，高亢激昂的情绪、丰富多彩的舞姿，充分展现了舞者的技艺、智慧，以及民间舞蹈灵活、多变的特性。

筷子舞以肩的动作为主，一般由男性表演。舞者右手握筷，不时击打手、腿、肩、脚等部位，有时还击打地面（或台面）。随着腕部的翻转变化，有时肩部活泼地耸动，有时腿部灵活地跳跃，有时转身左前倾，有时转身右前倾。其肩部的动作既有律动感，又有一种特殊的韵味，集欢快、优美与矫健于一体。动作虽简单，却以技巧征服观众。在兴安盟民间流传的筷子舞，既有男性独舞，也有男女群舞。表演形式上由单手执筷子发展为双手执筷子，舞者肩部、腰部、腿部的舞蹈语汇也更加丰富，因而舞蹈也显得更为欢快、明朗、新颖，淋漓尽致地表现了蒙古族热情、剽悍、豪迈的民族个性。

此外，盅子舞、角斗舞、普修尔乐舞等也是蒙古族舞蹈的重要种类。

二、悠久的蒙古文明形成了鲜明独特的精神品格

蒙古文明崇尚自由奔放。地理空间的自由，为人们思想精神上的自由提供了客观条件。蒙古草原广袤辽阔，苍茫的大地和无际的天空交相呼应，加上星星点点的牛羊群，到处都是大自然神奇美丽的画卷。在这片浩瀚无垠的土地上，有马匹的自由驰骋，有牛羊的自由放牧，有牧民的自由歌唱。云卷云舒的蒙古大草原，深深熔铸于蒙古族人民的性格之中。传统的逐水草而居的生活方式，为草原民族提供了宽阔的生活天地，而这种自由开放的环境和对生存条件的快速适应能力，也有利于蒙古族人民自由奔放精神品格的形成。此外，内蒙古自治区除了蒙古族之外，还有人数较多的汉族、回族、满族，以及朝鲜族、达斡尔族、鄂温克族等诸多民族，各个民族不同的生活习惯、民俗传统交汇融合，也使得蒙古文明更为自由、包容。

蒙古文明崇尚英雄主义。崇尚英雄，是蒙古族民众的普遍价值追求之一，也是蒙古文明的重要价值体现之一。蒙古族人民对英雄的理解，除了对英雄"力量"的崇拜外，还有对英雄"智慧"的肯定与赞扬。因此，蒙古民族既有尚武精神，也有崇尚智慧的传统和习惯。蒙古族人民非常信奉其历史领袖成吉思汗的箴言："力猛者乃一世英雄，智勇者乃万世英雄。"这句名言充分体现了蒙古族对力量与智慧的深层认知，是蒙古族崇尚智慧的高度概括和生动体现。草原民族自信自强、不畏艰难的英雄主义，不仅体现在英雄个体的价值追求上，也体现在群体社会责任的统一上。在保卫故土的战争中，他们不怕牺牲、视死如归。蒙古传统文化是孕育英雄的文化，英雄主义是蒙古传

统文化的重要精神品格。

蒙古文明崇尚自然。崇尚自然，不仅是草原人民的一种思想观念，更是一种行为实践。"按照自然而生活"的理念、人与自然和谐共处的思想，是蒙古族人民由来已久的内心坚持。作为游牧民族，蒙古族人民从生产方式、生活方式到思维观念、思想感情，都敬畏自然、爱慕自然。辽阔的草原和无垠的天空、奔驰的骏马和翱翔的雄鹰，给予了蒙古族人民自由奔放的生活。他们在享有大自然馈赠的同时，也对大自然充满了敬畏之心。就生态美学角度而言，追求人与人之间的和谐、田园牧歌式的生活，乃至艺术化的生存状态，是蒙古族传统文化自由开放精神最闪光、最具个性、最吸引人的地方之一。草原文化的这一理念，让我们更加懂得自然对于人类的意义，也更加明白"人"作为自然的承担者和自由自觉的特有的存在，应该而且必须承担起人与自然和谐共处的重任，从而营造出一种绿色、和谐、诗意化的生存环境。

蒙古文明崇尚进取务实。蒙古族人民开拓进取。开拓进取、自强不息，是中华优秀传统文化蕴含的宝贵精神。《易传》中的"天行健，君子以自强不息"，是上述精神的经典表述之一。蒙古族传统文化作为中华文化的重要组成部分，将开拓进取、自强不息的重要品质深深地烙印在整个中华民族历史发展的进程当中。"千年风云第一人"成吉思汗，之所以被一些学者誉为"全球一体化"的初创者，与其弘扬开拓进取、自强不息的宝贵精神不无关系。他以国家政权的形式，开通中西方之间的交流与联系，把几乎整个东亚、中亚、西亚和东欧联合在一起。蒙古族人民求真务实。对于古代蒙古人来说，面对严酷的自然环境、动荡的社会现实，直面人生是他们的重要信条。蒙古族人民崇尚脚踏实地、反对玄想空谈，不论是在宗教信仰、民间文学中，还是在伦理道德、日常生活中，他们都把求真务实这一重要品格发挥得淋漓尽致。

　　游牧民族在自身发展的历史进程中创造了独具特色的社会文化类型。蒙古族传统文化作为草原文化的主要表现形式，有着鲜明独特的民族特色，并对蒙古族人民的性格，特别是世界观、价值观、人生观产生了潜移默化的影响。古老游牧民族形成的底蕴深厚的蒙古文化，悠久蒙古文明形成的鲜明独特的精神品格，对乌兰牧骑精神的形成和发展，都有着重大影响。

第二节　乌兰牧骑精神形成的地域基础

一、浩瀚的草原大漠孕育了多姿多彩的乌兰牧骑

　　内蒙古自治区有着独特的地理风貌。地域辽阔、地形复杂、风多沙高、冬寒暑酷，这些特殊的自然条件，涵养了独具特色的草原民族文化，也孕育了多姿多彩的乌兰牧骑。

　　在历史沿革方面，内蒙古以漠南蒙古得名，是中华民族古老的历史摇篮之一，也是古代中国北方少数民族繁衍生息的地方。唐朝时，其为突厥地；宋朝时出现蒙古部落；元朝时，该地直属中书省及岭北

行省；明朝时分鞑靼及瓦剌；清朝时统一蒙古，以漠南蒙古居内地称内蒙古，漠北蒙古居边外称外蒙古，并属理藩院。民国初期，该地分属热河、察哈尔、绥远等特别区，后均改省；1947年，内蒙古自治区成立。

在幅员方面，内蒙古自治区经纬度东起东经126°04′，西至东经97°12′，横跨经度28°52′，东西直线距离2400多公里；南起北纬37°24′，北至北纬53°23′，纵占纬度15°59′，南北直线距离1700多公里。内蒙古自治区总面积118.3万平方公里。在世界地图中，内蒙古地处欧亚大陆内部，其北部与蒙古国和俄罗斯联邦接壤，国境线长达4200公里。在中国地图中，内蒙古自治区位于中华人民共和国的北部边疆，横跨中国东北、华北、西北三大地区，与黑龙江、吉林、辽宁、河北、山西、陕西、宁夏和甘肃8省毗邻，是中国邻省较多的省级行政区之一。

在地形地势方面，内蒙古自治区的地貌以蒙古高原为主体，具有复杂多样的形态。除东南部外，基本都是高原，占总土地面积的50%左右，主要由呼伦贝尔高平原、锡林郭勒高平原、巴彦淖尔—阿拉善及鄂尔多斯等高平原组成，平均海拔1000米左右，海拔最高点贺兰山主峰3556米。高原上分布的大兴安岭、阴山（狼山、色尔腾山、大青山、灰腾梁）、贺兰山等山脉，构成了内蒙古高原地貌的脊梁。内蒙古高原的西端分布有巴丹吉林、腾格里、乌兰布和、库布其、毛乌素等沙漠，总面积15万平方公里。在大兴安岭的东麓、阴山脚下和黄河岸边，有嫩江西岸平原、西辽河平原、土默川平原、河套平原及黄河南岸平原。这里地势平坦、土质肥沃、光照充足、水源丰富，是内蒙古粮食作物和经济作物的主要产区。在山地与平原的交接地带，还分布着黄土丘陵和石质丘陵，其间杂有低山、谷地和盆地。

在气候特征方面，内蒙古自治区以温带大陆性季风气候为主。由于其所处纬度较高，高原面积大，距离海洋较远，且边沿有山脉阻隔，因此，内蒙古自治区降水量少且不匀，寒暑变化较为剧烈。大兴安岭北段地区属于寒温带大陆性季风气候，巴彦浩特—海勃湾—巴彦高勒以西地区属于温带大陆性气候。内蒙古自治区总的气候特点是春季气温骤升，多大风天气；夏季短促而炎热，降水集中；秋季气温剧降，霜冻往往早来；冬季漫长严寒，多寒潮天气。全年太阳辐射量从东北向西南递增，降水量由东北向西南递减。内蒙古自治区年平均气温为0～8℃，气温年差平均在34～36℃，日差平均为12～16℃。年总降水量50～450毫米，东北降水多，向西部递减。东部的鄂伦春自治旗年降水量达486毫米，西部的阿拉善高原年降水量少于50毫米，额济纳旗则更少，为37毫米。内蒙古自治区年蒸发量大部分地区都高于1200毫米，西部巴彦高勒高原甚至高达3200毫米。内蒙古自治区日照充足，光能资源非常丰富，大部分地区年日照时数都大于2700小时，阿拉善高原的西部地区甚至达3400小时以上。内蒙古自治区全年大风日数平均在10～40天，70%发生在春季。其中锡林郭勒、乌兰察布高原达50天以上；大兴安岭北部山地，一般在10天以下。沙暴日数大部分地区为5～20天，阿拉善西部和鄂尔多斯高原地区达20天以上，阿拉善盟额济纳旗的呼鲁赤古特大风日，年均达108天。

在河流水文方面，内蒙古自治区境内共有大小河流千余条，中国的第二大河——黄河，由宁夏石嘴山附近进入内蒙古，由南向北，围绕鄂尔多斯高原，形成一个马蹄形。其中流域面积在1000平方公里以上的河流有107条，流域面积大于300平方公里的有258条。除河流外，还有近千个湖泊。内蒙古自治区水资源在地区、时程的分布上较为不均，且与人口和耕地分布不相适应。东部地区黑龙江流域土地面积占全区的27%，耕地面积占全区的20%，人口占全区的18%，而水资源总量占全区的65%，人均占有水量8420立方米，为全区均值的3.6倍。中西部地区的西辽河、海滦河、黄河3个流域总面积占全区的26%，耕地占全区的30%，人口占全区的66%，但水资源仅占全区的25%，其中除黄河沿岸可利用部分过境水外，大部分地区水资源较为紧缺。全区按自然条件和水系的不同，分为大兴安岭西麓黑龙江水系地区，呼伦贝尔高平原内陆水系地区，大兴安岭东麓山地丘陵嫩江水系地区，西辽河平原辽河水系地区，阴山北麓内蒙古高平原内陆水系地区，阴山山地、海河、滦河水系地区，阴山南麓河套平原黄河水系地区，鄂尔多斯高平原水系地区，西部荒漠内陆水系地区。

二、艰难的生存环境铸就了坚韧强大的乌兰牧骑

蒙古族作为游牧民族，大部分牧民流动性强，生活忙碌且艰辛。牧民的生活环境是乌兰牧骑进行活动的舞台，在融入牧民生产生活的过程中，坚韧强大的乌兰牧骑逐渐形成。

（一）游牧的流动性

游牧生活方式的存在，促进了草原上流动的文艺轻骑兵的产生。蒙古族传统的游牧生活方式延续了数千年。在干旱或半干旱的草原地

区，移动放牧，是游牧民族合理利用水草资源、获取生活资料的重要方式，也是可持续利用并保护草场的有效方式。

游牧生产生活方式有利于充分利用草场。受特殊地理环境影响，生活在草原上的蒙古族人民并不总是生活在同一地区，而是根据多重因素进行周期性或定期性的迁移。这些因素，主要包括水草生长、四季变换以及风雪旱涝等。在新中国成立前更为久远的年代，还包括部落盛衰、战争胜败、人畜灾祸等更多因素。内蒙古自治区成立后，这种迁徙则更多出于客观自然条件的考虑。

内蒙古自治区总体上属于干旱或半干旱地区，常年降雨量较少，对比雨水充沛的中国长江以南地区，内蒙古自治区的农业资源显得相对匮乏。因此，像农耕地区那样普遍以固定的耕地面积来获得收成，在内蒙古自治区显得较为不可能。通常情况下，大面积的草原才能维系一个牧民家庭的正常生活。以内蒙古自治区的新巴尔虎右旗为例，通常需要300～400只羊才能供养一个五口之家，而每只羊需要20亩地才能维系生存，因此，一个五口之家的牧民家庭一般需要6000亩地。虽然相对于农耕，游牧方式的单位土地生产力较低，但也只有游牧的生产生活方式，才能更为有效地利用草场。

游牧生活方式也有利于有效保护草场。通常情况下，牧民们在草原上适度放牧，会对草原产生积极影响。家畜对牧草的啃食，会有效刺激牧草的分蘖、分枝和生长；家畜对草皮的适度践踏，能有效破碎地面被苔藓和藻类形成的覆盖层，有利于牧草种子自然落入土地进行繁殖；一定量的家畜粪便也能有效提高土地肥力，提高土壤的有机质含量，促进草原生态系统的物质循环。但若是牧民们长期在某片草原过度放牧，则有可能产生极其不良的后果。过度放牧会影响草原的草群种类。在过度放牧过程中，适口性好的牧草会减少甚至消失，相反，适口性差的牧草或毒草则相应增多。过度放牧也会影响草原的土壤结构。家畜在草原上过度践踏，会严重破坏草原的草层和地表，甚至会致使草原地面大量裸露而造成水土流失和草原沙漠化。同时，过于密集和长时间的放牧，还会导致家畜排泄物污染牧草，对草原产生不利影响。

因此，为了有效保护植被，保护牧民们赖以生存的草原，智慧的蒙古族人民选择了逐水草而居的游牧生活。这种游牧方式和草原生态有着和谐的共生关系。

（二）辽阔空寂，条件艰难

牧民们艰苦的生产劳作、烦琐的日常事务，对乌兰牧骑精神的形成产生了重要的影响。

在乌兰牧骑还未诞生的20世纪50年代之前，受社会发展程度等多方面因素的影响，内蒙古草原上逐水草而居的牧民们在生产上还是非常艰辛的，在生活上也较为艰难。

放牧是主要的生产活动。牧民们对放牧的时间精力投入、技术技巧投入直接影响到牲畜的成长状况和经济收益。在不同的季节，针对不同的牧群种类，牧民需要在放牧上倾注大量心血，尽可能地让牧群吃到最肥美、最营养的草，并保证牧群做适当的运动，还要避免受到自然灾害的侵袭，确保牧群健康成长、膘肥体壮，这对保证牧群顺利度过内蒙古地区寒冷的冬天，并在春天顺利生产幼崽有着积极作用。有些牧民还有秋季"打草"（割牧草）以储草过冬的习惯。打草时间虽短（2～3周），但需及时，因此需要花费相当的人力。

牲畜的生育经营也是牧民生产劳动的重要内容。牲畜的繁殖并不是完全顺其自然，而是要在牧民的控制范围之内。因此，牧民需要在牲畜的选种、阉割、分群、交配上投入大量精力。由于同类幼畜基本都在年中同一时段出生，因此，在牲畜产崽的季节，牧民十分繁忙。照顾幼崽、帮助幼崽第一次吸奶、协助母畜辨识幼崽等，也需要牧民付出很多劳动。

挤奶、制酪、剪毛、屠宰、集粪等工作，直接涉及牧民日常衣食所需，还涉及牧民以相关产品来交换其他生活用品。挤奶、制酪在许多游牧社会中都是女人与老人从事的工作。在春、夏、秋季，几乎每日都要挤奶2～3次；即使在冬季与早春，也需挤一些畜奶以供食用。剪毛作为日用（衣物、帐幕、绳索的原料）或出售的商品，也是一年中的重要工作。相关工作除剪毛外，还有以牛羊毛搓绳、编织、缝补帐幕以及运送贩卖等，都非常辛苦。收集羊圈、牛圈中的粪便，晒干、堆积，作为炊煮、取暖的燃料，也是牧民的日常工作。即使牧地附近有山区林木，许多游牧人群仍视畜粪为最好及最稳定的燃料来源。此外，许多牧民的生产活动不仅仅局限于牧业，他们有时还从事农作、狩猎、采集、贸易等活动，这些都需要消耗许多人力，使得牧民们的生产生活更为忙碌艰辛。

三、农牧民的文化需求催生了为人民服务的乌兰牧骑

新中国成立后的农牧民在获得人身自由、生活有所改善的情况下，越来越渴望改变文化生活相对贫瘠的状况，希望过上丰富多彩的精神生活。乌兰牧骑是为了满足农牧民精神需求而产生的文化工作队，围绕农牧民、服务农牧民，是乌兰牧骑精神的本色所在。

获得解放的农牧民，为了改善生活条件而继续艰苦奋斗。农牧民的生产活动忙碌且艰辛，文化生活较为匮乏。特别是在牧区，牧民长期阅读不到图书、观赏不到文艺演出、听不到广播、看不到电影等情况，是与新中国努力实现社会主义文化建设、改变文化落后面貌的目标不相符的。1949年9月30日，即新中国成立的前一天，毛泽东同志掷地有声地指出，新中国要"领导全国人民克服一切困难，进行大规模的经济建设和文化建设"，从而"逐步地改善人民的物质生活和提高人民的文化生活"[①]。随着生活条件的改善，农牧民对文化生活有了新的渴求。如何让农牧区人民拥有繁荣富足的文化生活，成为自治区政府亟待解决的客观问题。一支流动的文艺工作队呼之欲出。

内蒙古自治区农牧民当时贫乏的文化生活，引起了党中央的高度关注，周恩来同志多次提出要改善基层农牧区贫穷落后的面貌。1957年5月初，内蒙古自治区文化局遵照周恩来同志的指示精神和内蒙古自治区党委、政府的要求，同时派出多个工作组到锡林郭勒盟的苏尼特右旗、正蓝旗、正镶白旗和乌兰察布盟的达茂旗等牧区及半农半牧区进行了较为全面的调查研究。工作组一致认为，鉴于内蒙古牧区及半

---

① 《毛泽东年谱（1893-1949）》（下卷），中央文献出版社2002年版，第580页。

农半牧区地广人稀、交通不便和居民极其分散的种种特点，必须建立一种组织精悍、装备轻便、人员一专多能、便于流动服务的小型综合性的文化工作队。只有这样，才能把社会主义文化更为直接地、经常地送到广大农牧民居住和生产的居民点及放牧场。在此情况下，为满足广大农牧民文化需求的乌兰牧骑应运而生。

乌兰牧骑是结合农牧区人民的生活特点而形成的一支服务于广大农牧民的文化工作队，它因农牧民的客观需要而产生，天然地具有为农牧民服务的性质。

第三节　乌兰牧骑精神形成的时代基础

一、时代更替促进了社会结构的转变

1949年10月1日，中华人民共和国成立。新中国成立后，推翻了帝国主义、封建主义和官僚资本主义对人民的压迫和剥削，广大人民群众翻身成了国家的主人。内蒙古自治区在中国共产党的领导下，社会结构发生了很大转变。这一重大转变，促进了内蒙古自治区各项事业的发展，也为乌兰牧骑精神的形成提供了前提条件。

（一）人民政权的建立

人民政权的建立，促进了为人民服务的乌兰牧骑文化工作队的诞生，为乌兰牧骑精神的形成提供了重要的政治基础。

　　中国共产党历来关心各族人民的解放事业，并通过正确的路线方针政策不断领导各族人民为推翻各种压迫势力而斗争。经过长时间的努力和准备，中国共产党在团结内蒙古各界人民群众的基础上，于1947年4月23日，在兴安盟王爷庙（今乌兰浩特市）召开了内蒙古人民代表会议。来自内蒙古大部分盟旗的蒙古、达斡尔、鄂温克、汉、满、回、壮等各民族代表以及各界人士出席该会议，并通过决议，成立内蒙古自治区政府。5月1日，内蒙古自治区政府正式成立。

　　内蒙古自治区政府成立后，迅速带领内蒙古自治区人民进行了政治上的民主改革，废除了封建势力对政治权力的把持以及对广大农牧民的压迫和剥削，使农牧民从旧的社会关系中解放出来。经过民主选举，内蒙古自治区成立了代表民意的民主政权，并与各族人民一道，为捍卫民主政权以及全国的解放而斗争。

　　为真正实现农牧民当家作主，内蒙古自治区普遍召开了各界人民代表会议，成立了各级人民政府，推翻了反动旧政权在农牧区的统治，建立了中国共产党领导下的各级民主政权。从此，内蒙古自治区的广大农牧民真正成为了国家的主人。1954年，内蒙古自治区人民政府迁到归绥市，并改称呼和浩特市。

　　经过抗美援朝战争、土地制度改革以及其他民主改革，新的人民政权得以进一步巩固。旧的专制政权的推翻与新的人民政权的建立，促进了为工农兵服务、为社会主义服务的文化工作队的产生，乌兰牧骑就是为满足广大农牧民的文化需求而诞生的一支具有地域性和民族性的文化工作队，乌兰牧骑精神是乌兰牧骑文化工作队在为农牧民服务的实践过程中所形成的具有民族特色的宝贵精神。新的历史时代和新中国人民民主政权的建立，为乌兰牧骑精神的形成提供了政治基础。

（二）经济建设取得巨大发展

新中国成立后，内蒙古自治区和全国各地迎来了更好的经济发展环境。在党的领导和人民的努力下，内蒙古自治区的经济建设取得了重大成就，这也为文化事业的发展提供了重要的物质基础。

内蒙古自治区自然地理条件特殊，74.5%的土地是天然草场。草原总面积达13.2亿亩，其中可利用的草牧场10.3亿亩，占全国可利用草原总面积的31.2%，大部分地区水资源相对丰富，适宜发展畜牧业。这也是该地游牧经济历史悠久且相对发达的重要原因。随着农牧业的发展，内蒙古自治区逐渐形成了牧区、农区、半农半牧区三种不同的经济形态区。新中国成立前，内蒙古自治区大部分土地、牧场、牲畜掌握在地主、王公、寺庙等手中，这些封建势力对农牧民进行残酷的剥削和压榨，广大农牧民生活困苦。

新中国成立后，党和国家极其重视内蒙古自治区的经济恢复和社会发展，并有针对性地采取了多种有效措施。新中国通过土地制度改革，解决了内蒙古自治区农牧业的土地问题。在农业方面，废除了封建土地所有制，没收地主、王公、寺庙等封建势力的土地，将其分配给无地或少地的蒙汉等各族人民，实行农民土地所有制。在牧业方面，实行"牧场公有，放牧自由"的政策，废除封建特权，解放广大农牧民。经过土地制度改革，广大农牧民大大提高了生产积极性，促进了内蒙古自治区农牧业的发展，这对改善农牧民的生活水平具有重大意义。在工商业方面，国家鼓励发展民族贸易，并在财政上给予支持，采取提供商业贷款等有利于刺激工商业发展的措施，推动了内蒙古自治区工商业蓬勃发展。经过"三大改造"以及第一个五年计划后，内蒙古自治区的经济水平得到显著提高，人民的生活水平得到有效改善。经济水平的提高，为乌兰牧骑精神的形成奠定了经济基础。

（三）文化事业不断向前推进

针对内蒙古自治区部分农牧民文化水平相对落后的状况，在中国共产党的领导下，内蒙古自治区人民政府实施了多项举措，积极推进内蒙古自治区教育、科学、艺术等工作向前发展。内蒙古自治区文化事业的发展，为乌兰牧骑和乌兰牧骑精神的产生和形成提供了重要的文化条件。

在封建专制的压迫统治下，蒙古族的文化发展一度受到重挫。内蒙古自治区成立前，教育事业落后、科学知识匮乏、文艺活动少，新闻、出版、电影等文化事业未能得到应有发展。据统计，1946年内蒙古自治区只有小学1627所，学生137672人，其中蒙古族学生仅10029人；中学22所，学生4030人，其中蒙古族学生仅459人。当时，全区还没有一所正规的中等专业学校，更没有高等学校，85%以上的劳动人民是文盲。

针对上述情况，党和国家对内蒙古自治区的文化事业投入了大量的心血和精力。内蒙古自治区创办的多所中小学，为广大的劳工子女以及少数民族子女提供了受教育的机会，有效降低了文盲的人数。同时，内蒙古自治区还设立了文化馆、图书馆、剧场、电影院等，力求不断丰富和满足人民群众对文化的需求。据统计，至1957年，内蒙古自治区的高等院校发展到了4所，中等学校发展到了130所，全区小学发展到10064所；拥有文化馆134个，公共图书馆15个，博物馆1个，文化队7个，电影院18座等。文学、音乐、舞蹈、戏剧等方面也取得了显著成绩。上述文化事业的发展，为乌兰牧骑精神的形成积淀了文化基础。

二、蒙汉交流促进了农牧区文化生活的变迁

新中国成立后，农牧区人民的生活水平有所改善，文化建设也取得了重大成就。随着内蒙古自治区经济的持续向好发展，农牧区人民越来越渴求更为丰富的文化生活。为满足广大农牧民的需求，一支短小精悍、轻装上阵、流动性强的草原文化工作队诞生了！在长期为农牧民表演和服务的过程中，乌兰牧骑的队伍逐渐发展壮大，乌兰牧骑精神也逐渐发扬光大。

（一）农牧区文化生活的提升

随着经济的恢复发展，农牧民对文化生活也有了进一步的需求。针对农牧民的普遍诉求，内蒙古自治区政府高度重视并积极着手解决这一问题。经过努力，内蒙古自治区的文学艺术事业、电影放映事业、图书出版事业等，都有了很大发展。同时，还诞生了一大批文化队、文工团、歌舞团等服务于人民的艺术团体，一些文工团、歌舞团、话剧团等经常到农牧区进行文艺演出，对丰富农牧区人民的文化生活、宣传党的路线方针政策具有重要作用。

民族压迫制度的废除，促进了农牧区蒙汉人民的交流。各民族在长期的历史发展过程中，形成了各具特色的民族文化。蒙古族是生活

在草原上的游牧民族，在长期的游牧生活中，形成了形式独特、底蕴深厚的蒙古族文化；汉族作为中国人口最多的民族，文化极其博大精深。蒙汉民族的交流，在增进民族情感的同时，也促进了文化之间的交流与融合。二人台就是蒙汉文化融合而形成的一种优美的戏剧剧种，是汉族人民在对蒙古族的《蒙古曲》进行吸收和改进的基础上形成的，受到蒙汉人民的一致喜爱。2006年5月20日，二人台经国务院批准列入第一批国家级非物质文化遗产名录。

为适应农牧区多民族杂居的情况，许多文艺作品和文艺表演还采用了多种语言文字，以便让各民族人民都能理解、都能享受到文化的春风。在党和国家的领导下，内蒙古自治区农牧民的文化生活质量得到了显著改善和提升。

（二）乌兰牧骑工作队的产生

内蒙古自治区文化事业的发展，促进了文艺活动在农牧区的展开，这在很大程度上活跃了农牧区人民的文化生活。但由于内蒙古自治区的文化建设刚刚起步，许多工作还处于摸索状态。如对农牧区的特点，还有待进一步调研；对农牧民的需要，还有待进一步了解；对如何宣传社会主义文化的认识，还有待进一步深化。

上述客观情况，致使当时的文化工作还存在一些缺点和不足。为更好解决农牧区群众文化工作中存在的问题，更好满足农牧区人民对更高文化生活的需求，1957年，内蒙古自治区文化局组织工作队到锡林郭勒盟的苏尼特右旗等地开展调查研究，深入了解农牧区的实际情况，并决定采取新的文化宣传方式，以进一步活跃农牧区人民的文化生活。内蒙古自治区地域辽阔，20世纪中期时，交通还不够便利，通常情况下，两个牧区之间相隔的距离较远，这就给大型文艺工作队下乡造成了一定困难。大型文艺工作队不仅难以灵活转移，而且耗费的人力、财力、物力也相对较大。因此，建立一种组织精悍、便于流动、人员一专多能的文化工作队尤为必要。

乌兰牧骑诞生后，也根据实际情况不断进行优化和调整。随着新中国成立后社会的进步发展，农牧民对文化生活的需求也不断提升。由于牧区与牧区之间的距离较远，早期乌兰牧骑队伍的流动性、灵活性，在一定程度上还制约着乌兰牧骑的巡回速度，致使其还不能完全满足农牧区人民对文化文艺的强烈渴求。为了解决这一问题，乌兰牧骑增加了人员，活动点也相应增多，在进行文艺演出的同时，乌兰牧骑队员还积极辅导群众的业余文化活动。乌兰牧骑的优化调整，是根据农牧区人民对文化生活的要求而做出的相应改变，也是乌兰牧骑勇于面对挑战、勇于自我革命的生动体现。在其后的发展中，乌兰牧骑一直根据客观情况和广大农牧民的具体要求，不断革新、勇立潮头，因而深受农牧区人民的喜爱和欢迎。

（三）乌兰牧骑精神的形成

乌兰牧骑成立60多年来，始终坚持社会主义文艺的发展方向，在长期的实践和服务过程中，逐渐形成了忠诚于党、热爱人民、吃苦耐劳、甘于奉献、团结拼搏、勇于创新的乌兰牧骑精神。

乌兰牧骑成立初期，通常是一辆马车、几件简单器具、几名或者十几二十名队员，以天为幕布、以地为舞台，走到哪儿就表演到哪儿，尽情尽力为农牧民送歌献舞。因为乌兰牧骑具有灵活性，且队员具有一专多能的特点，非常适合农牧区的需要，所以很快得到普及和壮大。到1963年，乌兰牧骑已有30支队伍。1964年，乌兰牧骑在京汇报演出获得极大成功，因此受到了全国各地、社会各界的广泛关注，乌兰牧骑式的演出方式更是逐渐在全国遍地开花。乌兰牧骑的活动舞台也由小到大，不仅由草原迈向了全国，更是从中国走向了世界。乌兰牧骑在长期的实践以及岁月的历练中，逐渐凝练成了伟大的乌兰牧骑精神。

60多年来，乌兰牧骑始终不忘为人民服务的初心。不管天地再广、舞台再大，乌兰牧骑始终扎根内蒙古大地，继续深入农牧民生活，为他们精彩表演，为他们倾力服务。同时，作为全国文艺战线的一面旗帜，乌兰牧骑也为维护各民族的团结付出了巨大努力。乌兰牧骑不仅在作品中融合了各民族的优秀文化，彰显了中华文化的多样性，还把许多真实的有关民族之间互帮互助的生动事例通过作品宣传出来，有力促进了各民族的团结和融合。

正是乌兰牧骑始终坚持人民性、政治性，始终坚持扎根生活沃土、服务农牧民群众，始终坚持维护民族团结、守护各民族人民的精神家园，才熔铸了如此独具特色的乌兰牧骑精神。多年来，乌兰牧骑的演出条件不断改善、乌兰牧骑的舞台逐渐宽广，但乌兰牧骑人始终不忘初心、牢记使命。他们以辛勤汗水浇灌出来的乌兰牧骑精神璀璨之花，已成为全国各族人民共享的文化符号，成为全面建设社会主义现代化国家的重要动力。

三、国家力量促进了新的意识形态的形成

中国共产党带领广大中国人民经过长期的艰苦奋斗，取得了新民主主义革命的伟大胜利，建立了中华人民共和国。为巩固来之不易的胜利果实，守护人民政权，必须做好党的意识形态工作。基于内蒙古自治区特殊的地理条件和居住环境，需要一支流动的意识形态工作队来宣传社会主义先进思想、阐释党的先进政策。长期以来，乌兰牧骑通过文艺演出、服务辅导等形式，占领并巩固农牧区的文化宣传阵地，为党的意识形态工作作出了重大贡献。

（一）坚持党的领导

内蒙古自治区农牧民在中国共产党的领导下，获得了自由和解放，成为了国家的主人。作为党领导下的红色文化工作队，乌兰牧骑创作了许多反映中国共产党历史、体现中国共产党全心全意为人民服务的文艺作品，使农牧民充分认识到中国共产党是代表他们根本利益的政党，只有坚持党的领导，才能维护农牧民稳稳的幸福。

歌曲《党的教育好》，赞扬了党带领农牧民取得集体经济建设的伟大成就。歌曲《党的光辉照边疆》，歌颂了党带领鄂温克人民翻身当家作主，鄂温克人不忘党恩，坚定党的领导，坚守大兴安岭。歌曲《握紧钢枪》，表达了农牧民要当好民兵、忠诚于党、保卫祖国的强烈意愿与坚强意志。说唱作品《改天换地》，体现了农牧民在党的领导下推翻了地主阶级的压迫和统治、建立新社会、迎来新生活的喜悦。乌兰牧骑所创作的一系列文艺作品，展现了党带领农牧民进行革命斗争、建设新社会的征程，也表达了农牧民对党的拥护与感恩。一

部部作品，向广大农牧民阐释了中国共产党领导地位形成的必然性，传递了党对广大农牧民的深切关怀，密切了党同人民群众的血肉联系，对于巩固党的执政基础、推进党的基层治理起到了重要作用。

（二）宣传党的政策

乌兰牧骑的文化宣传活动，紧密配合了自乌兰牧骑诞生以来党在各个时期的中心工作，把党的路线方针政策传达给农牧民，引导农牧民积极参与和支持国家的各项建设事业。如乌兰牧骑成立初期，结合当时党和国家的中心任务，创作了一系列富有历史时代气息的文艺作品，如歌舞《学大寨》《公社的牧场》《草原上建起了钢铁长城》等，积极宣传、阐释党的思想理论，凝心聚力，建设国家。进入新时代，乌兰牧骑还创作了《心向阳光》《牧民歌唱共产党》《总书记的回信》等作品，紧密结合了新的时代特征，有助于农牧民及时了解党和国家的大政方针，积极投身于全面建设社会主义现代化国家的伟大实践中。

（三）加强社会主义教育

乌兰牧骑成立后，积极在内蒙古自治区开展各种文化活动。乌兰牧骑队员们跋沙山、涉河滩，不畏艰辛，深入基层，在送文艺的同时还与农牧民一起参加生产劳动。在与农牧民接触的过程中，他们还注意多方面收集文艺创作素材。乌兰牧骑以文艺作品为载体，通过新旧社会的对比，真实展现农牧民在旧社会所受的残酷压迫，使农牧民更为深刻地理解和体会社会主义的优越性。

曾任鄂托克旗乌兰牧骑队长的热喜在《走在为工农兵服务的大道上》一文中写道："在旧社会，我是孤儿、文盲，在新社会，我做了主人，参加了党，这是我前进的动力，我下定决心为人民服务。"[1] 切身的体验，让热喜更加坚定地拥护社会主义新社会。在其随后的文艺创作当中，热喜还根据真人真事，编写了《重见光明》《眼睛》等对比新旧社会、引导广大农牧民忆苦思甜的小剧本。这些作品，体现了党全心全意为人民服务的根本宗旨，对农牧民进一步认识党、认识社会主义具有重要意义。

内蒙古自治区直属乌兰牧骑第一队集体创作的表演唱作品《老两口夸公社》，其中有这样的歌词："提起了旧社会，辛酸泪儿掉，留下仇和恨，永远忘不了""共产党领导人民志气豪，公社挖掉了穷呀穷根苗"。朴实无华的词句，唱出了农牧民心中对党的感恩之情，表达了农牧民对社会主义的认可和支持。通过创作这些反映农牧民生活变化的作品，乌兰牧骑不仅更加贴近群众，赢得农牧民喜爱，还在表演过程中提高了农牧民对社会主义的认识，激发了农牧民投身社会主义建设的热情。

（四）增强民族团结意识

新中国成立后，党和国家废除了民族压迫制度，实行民族平等和民族团结的政策。在新的民族政策倡导下，内蒙古自治区各民族人民之间的关系平等、团结、和睦。

为推进新的民族政策深入人心、增强民族团结意识，乌兰牧骑创作了一系列相关方面的文艺作品。如歌曲《各族人民心连心》，用"各族人民是一家""各族人民心连心"等歌词表达了对各族人民团

---

[1]　热喜：《走在为工农兵服务的大道上》，《人民日报》1964 年 12 月 21 日第 5 版。

结一致、友好往来、各族人民一家亲的祝愿。歌曲《跟着毛主席》，号召"各族人民齐努力""各族人民团结紧"，齐心协力地推动新中国各项事业向前发展。小歌剧《团结桥畔》，通过蒙汉人民共同建设牧区的剧情，表达了蒙汉人民之间的团结和友谊。通过丰富多彩的文艺作品，乌兰牧骑有力宣传了党的民族政策，有利于蒙汉人民团结友爱、互帮互助，有利于各族人民共同繁荣、共同发展。

第二章
乌兰牧骑精神的发展

乌兰牧骑以精湛的表演艺术、优秀的文艺创作和服务广大农牧民的实际行动，紧紧地把自己和内蒙古自治区各族人民凝聚在一起。在长期的历史发展过程中，乌兰牧骑培养出伊兰、德德玛、拉苏荣等一大批社会主义艺术人才，创作了《大漠绿海》《腾飞的骏马》《草原英雄小姐妹》等一大批接地气、传得开、留得下的优秀作品。乌兰牧骑始终坚持把舞台设在人民中间，坚持人民文艺为人民的价值导向，是社会主义文艺战线的一面旗帜，也是内蒙古自治区享誉全国的优秀文化品牌。

第一节　乌兰牧骑的历史发展

乌兰牧骑是马克思主义文艺观中国化、时代化、大众化的生动表现。自1957年苏尼特右旗第一支乌兰牧骑诞生以来，60多年的历史发展，见证了乌兰牧骑的栉风沐雨，也见证了乌兰牧骑的发展壮大。

一、《在延安文艺座谈会上的讲话》提供思想指导

1942年5月28日，在延安文艺座谈会上，毛泽东同志从多个方面对党的文艺工作作出重要指示，即《在延安文艺座谈会上的讲话》。这一讲话对此后党的文化文艺工作有着重大的指导作用，乌兰牧骑的诞生、发展，也受到此次讲话精神的重要影响。

"文艺服从于政治"[①]，指明了文艺的无产阶级政治属性。一切文学艺术都具有阶级性，都从属于一定阶级，没有超阶级的文学艺术的存在。因此，党的无产阶级属性，决定了乌兰牧骑是一支从属于无产阶级的文化工作队，是为广大工农（牧）兵群众服务的草原文化轻骑兵。毛泽东同志在延安文艺座谈会上指出："党的文艺工作，在党的整个革命工作中的位置，是确定了的，摆好了的；是服从党在一定

---

① 《毛泽东选集》（第三卷），人民出版社1991年版，第867页。

革命时期内所规定的革命任务的。"①因此，乌兰牧骑作为无产阶级的文化工作队，既要为农牧民的文化生活服务，还要宣传党的路线方针政策，宣传社会主义文化；既要为农牧民送上丰富的文艺表演，还要在表演中提高农牧民的阶级觉悟，使农牧民及时了解党和国家的政治生活主题，提升政治参与意识。正是乌兰牧骑的无产阶级属性，才使得乌兰牧骑的工作紧紧围绕党和国家的中心工作展开。忠诚于党、热爱人民，是乌兰牧骑阶级属性的重要体现。

"我们的文学艺术都是为人民大众的，首先是为工农兵的"②，明确了文艺的服务对象。《在延安文艺座谈会上的讲话》提出："为什么人的问题，是一个根本的问题，原则的问题。"广大文艺工作者，要站在无产阶级的立场上，"深入工农兵群众，深入实际斗争"，把服务和团结的对象转移到工农兵这方面来，"只有这样，我们才能有真正为工农兵的文艺，真正无产阶级的文艺"③。乌兰牧骑是贯彻"文艺为工农兵服务"的具体体现，是从内蒙古自治区的实际情况出发、从农牧民的文化需求出发而建立和发展起来的。乌兰牧骑从一诞生就明确了自己的阶级立场和服务对象，因此受到了广大农牧民的热烈欢迎。乌兰牧骑队员们不怕苦、不怕累，持之以恒、坚持不懈地为农牧民服务。乌兰牧骑具有灵活轻便、流动性强等特点，是为了适应牧区及半农半牧区的特点而形成的一种组织形式，它本身就是革命化的产物。乌兰牧骑队员们把农牧民当作服务的对象，克服种种

---

① 《毛泽东选集》（第三卷），人民出版社 1991 年版，第 866 页。
② 《毛泽东选集》（第三卷），人民出版社 1991 年版，第 863 页。
③ 《毛泽东选集》（第三卷），人民出版社 1991 年版，第 857 页。

困难，始终以吃苦耐劳、甘于奉献的精神活跃在广阔的草原上，给农牧民的生活带来了丰富的文娱活动，充实了农牧民的精神世界。

"到群众中去"①，指明了文艺为农牧民服务的方式方法问题。毛泽东同志指出："中国的革命的文学艺术家，有出息的文学艺术家，必须到群众中去，必须长期地全心全意地无条件地到工农兵群众中去。"②只有这样，才能充分深入群众，了解群众需要，从群众生活中汲取文化养料。乌兰牧骑是一支为农牧民服务的文化队伍，是为了满足农牧民日益增长的文化生活需求而产生的，乌兰牧骑服务的对象、文艺作品和表演的内容、创作的素材等都必须紧紧围绕农牧民展开，必须密切联系群众，从群众中来，到群众中去。乌兰牧骑遵循党的文艺为工农（牧）兵服务的方向，长期深入牧区及半农半牧区，与农牧区人民打成一片，同农牧区人民同吃同住同劳动，从农牧民丰富的生产生活中收集文艺创作素材，以通俗易懂的表演、喜闻乐见的形式，在群众中开展宣传演出活动，真正做到了"联系群众，表现群众，把自己当作群众的忠实的代言人"③。

"文艺工作者应该学习文艺创作"④，提出了文艺应该坚持创作创新。文艺工作者不应该拘泥于原有的艺术作品和艺术表演形式，还应该努力进行创作，这样才能紧跟时代的步伐和群众的需要，使文艺作品和表演不断保持生机和活力。毛泽东同志指出："文艺工作者要学习社会，这就是说，要研究社会上的各个阶级，研究它们的互相关

---

① 《毛泽东选集》（第三卷），人民出版社1991年版，第861页。
② 《毛泽东选集》（第三卷），人民出版社1991年版，第860—861页。
③ 《毛泽东选集》（第三卷），人民出版社1991年版，第864页。
④ 《毛泽东选集》（第三卷），人民出版社1991年版，第852页。

系和各自情况，研究它们的面貌和心理。"①只有把这些弄通弄懂，才能不断创作出符合群众需要的文艺作品。乌兰牧骑是一支勇于创作创新的文化工作队，队员们在深入农牧民生活的实践中，问询农牧民需求，收集农牧民素材，积极创编歌颂当地新人新事的作品。乌兰牧骑创编工作注意反映农牧区的生活实际，介绍农牧区的生产建设成就，真正做到了"从群众中来，到群众中去"。乌兰牧骑人紧跟时代步伐，贴近现实生活，创作了大量反映农牧民生活的作品，体现了乌兰牧骑勇于创新的精神。

二、苏尼特大草原迎来了第一支乌兰牧骑

新中国成立后，时任内蒙古自治区主席的乌兰夫同志在深入农牧区视察工作时了解到，虽然农牧民翻身成了国家的主人，物质生活也得到了显著提升，但文化生活依然相对匮乏。以锡林郭勒盟为例，在党的领导下，锡林郭勒盟的文化工作已经有所进步，但离农牧民的要求还有差距。当时，全盟只有一支30多人的宣传队，由于人力有限和地域广大，基层组织文化下乡活动远远无法满足生活在广大农牧区的群众对文化生活的需求。乌兰夫同志在开会期间向周恩来同志汇报了这一情况，周恩来同志建议："是否可以根据内蒙古地广人稀的实际情况，研究一种行之有效的办法，建立相应的队伍，以满足基层群众文化生活的需要。"②

---

① 《毛泽东选集》（第三卷），人民出版社1991年版，第852页。
② 杨洁：《乌兰牧骑诞生记》，《内蒙古日报（汉）》2015年10月15日第8版。

1956年，内蒙古自治区文化局根据周恩来同志和乌兰夫同志的指示，分析了全区多地长期在广播、电影、演出等方面较为困难的情况，提出了在牧区进行文化工作试点的意见。这一意见得到批准后，工作组很快深入正蓝旗、正镶白旗、苏尼特右旗等地进行调查研究，并在调研后提出了建立小型综合文化工作队的建议。这种小型文化队人员精简、器材简便、投入较少，适应内蒙古自治区地广人稀、文艺工作队流动性大的特点，去广阔草原的各个牧场演出更为便捷，文化服务传播更快更广。在经过一段时期的调查研究之后，乌兰夫同志认为先搞个试点，获得经验后再向全自治区推广。1957年初，乌兰夫同志将这个情况向周恩来同志做了汇报。周恩来同志认为，内蒙古自治区还是要进一步探索适应广大农牧区农牧民分散生活的文化活动形式。

在周恩来同志的关心和指导下，乌兰夫同志和内蒙古自治区党委、政府决定把这项工作的试点放到地处内蒙古草原中部的纯牧业旗——苏尼特右旗。当时，苏尼特右旗的群众文化工作比较活跃，具有广泛的代表性。很快，这支文化工作队被命名为具有民族特色和特定含义的"乌兰牧骑"，即红色的嫩芽。

1957年是乌兰牧骑从规划研究、试点分析到实践推广的重要阶段，关于乌兰牧骑的制度建设和理论实践全面展开。4月9日，内蒙古自治区文化局派文化处的庆来同志赴苏尼特右旗，与当地协商关于开展乌兰牧骑试点工作的具体意见；20日，庆来返回文化局汇报了协商结果，苏尼特右旗旗委同意组建全区第一支乌兰牧骑试点队。5月27日，《乌兰牧骑试点计划》和《乌兰牧骑工作条例（草案）》印发试行。6月，自治区文化局从内蒙古群艺馆抽调了达瓦敖斯尔、刘英男、图布新、张敏与社会文化处的庆来、吴魁共同组成乌兰牧骑试点工作组；苏尼特右旗旗委派旗长朝巴达拉呼与党委宣传部长明干共同参与乌兰牧骑试点工作。

同时，乌兰牧骑的组织队伍与配套设施亦在多方努力下初步成形。1957年春，在中央和内蒙古自治区关于加快发展民族文化的精神指示下，锡林郭勒盟苏尼特右旗的文化工作者决定抽调少量人员，组建以演出和服务为目的的小型文化工作队，为乌兰牧骑正式建队做了组织上的准备。

1957年6月17日，乌兰牧骑建队典礼在苏尼特右旗温都尔庙原旗文化馆内举行，这标志着乌兰牧骑试点工作取得了成功，也标志着乌兰牧骑的诞生。第二天一早，试点队——内蒙古草原上的第一支乌兰牧骑便踏上了光荣的征程，开始下乡巡回演出。一支由9人组成的文化工作队，经过两个月的流动表演和服务实践，将他们的勤劳身影和奉献精神，深深地烙印在内蒙古大地上，留下了新中国文艺工作浓墨重彩的一笔。乌兰牧骑队员们大多都是"吹拉弹唱，一专多能"的复合型人才，走到哪里就唱到哪里，表演到哪里，也服务到哪里。乌兰牧骑的队员们多才多艺，对农牧民热情亲切，他们以一种新鲜而独特的面貌出现在农牧民的视野里，受到农牧民的极大欢迎和喜爱。乌兰牧骑的初创工作取得了巨大成功！

1957 年 6 月 17 日，第一支乌兰牧骑在锡林郭勒盟苏尼特右旗诞生。队员们带着党的嘱托，赶着马车，踏上了为人民服务之路

来源：中共苏尼特右旗委宣传部

　　乌兰牧骑的首次试点演出，历时54天，行程500余公里，演出30多场，受益群众达1.4万多人次，圆满完成了预定任务。试点队于8月11日返回温都尔庙后，召开了试点工作总结会议。会议通过了《苏尼特右旗乌兰牧骑试点工作总结》报告。9月5日，内蒙古自治区文化局召开全区牧区群众文化工作会议，推广苏尼特右旗乌兰牧骑试点经验。接着，内蒙古自治区人民委员会批转了《乌兰牧骑工作条例》。从此，乌兰牧骑之花开遍了辽阔的内蒙古草原。这种装备少、人员少、能力强的队伍适合偏远地区和交通不便的牧区活动，因此很快引起了各方面的注意，乌兰牧骑的称号也不胫而走，成为宣传典型，并在苏尼特右旗得到普遍推广。内蒙古自治区的其他盟市旗县，纷纷总

结经验、效仿优良，相继建立起了自己的乌兰牧骑。很快，全自治区所有的牧业旗和部分半农半牧旗都有了乌兰牧骑。

乌兰牧骑具有坚韧不拔的优良品质和吃苦耐劳的革命精神，无论是寒冬风雪呼啸，还是酷暑烈日当头，他们总是赶着满载服装道具的马车，在草原上一边奔走一边传播社会主义文化的火种。值得一提的是昭乌达盟翁牛特旗的乌兰牧骑，他们主要活动于内蒙古自治区东部沙丘地带的翁牛特旗，那里交通十分不便。他们行动起来只有一辆马车，每次到农牧区巡回演出，演员们总是尽量少带行李，轻装上阵。自成立以来，翁牛特旗乌兰牧骑一直密切配合草原上的社会主义革命和社会主义建设。他们以广大农牧民的生活斗争和新人新事为题材，编成具有民族特色的歌舞、戏剧、好来宝①、笑呵②等各种短小精悍的节目，为农牧民演出、用蒙语说书，同时还放映幻灯片、举办小型流动图片展览等，受到了全旗广大农牧民的热烈欢迎。

乌兰牧骑的创建及其基层服务，大大密切了党同农牧民的血肉联系，丰富了农牧区群众的文化生活，对内蒙古自治区的民族团结、社会进步和经济文化发展都起到了重要作用。

---

① 蒙古族民间的一种说唱形式，原来是一人自拉自唱或两人对唱，新中国成立后又出现了多人"好来宝"以及汉语好来宝。

② 汉语是"笑的对话"，类似汉语相声。新中国成立后，内蒙古的文艺工作者在好来宝、颂词、祝词等蒙古族民间说唱形式的基础上，吸收了汉语相声的一些表演特点，创造的一种新的文艺形式。

三、乌兰牧骑奔赴全国

1964年11月26日，全国少数民族群众业余艺术观摩演出会在首都民族文化宫隆重开幕。这是新中国成立后全国少数民族群众业余艺术第一次观摩演出会，是我国少数民族人民政治生活和文化生活的一件大事，也是我国少数民族艺术发展史上的空前壮举。

在这次演出会上，来自蒙古族和朝鲜族的12名乌兰牧骑演出代表在大会上做了汇报演出，表演了15个精彩节目。演出结束后，《人民日报》分别在1964年12月12日、14日、21日[①]对此次乌兰牧骑进京演出进行了报道和宣传，使全国人民对乌兰牧骑有了初步的了解和认识。这次演出是乌兰牧骑第一次以群体形象出现在全国性舞台上，在表演的同时也向全国人民宣传介绍了自己，成为乌兰牧骑走向全国的开端。

如果将1964年看作乌兰牧骑走向全国的开局之年，那么1965年则是它由点到面、落地生花的关键一年。这一年，发源于内蒙古自治区的乌兰牧骑在全国开展巡回演出，将乌兰牧骑这一新鲜事物以及乌兰牧骑精神送到全国各地。全国各地的文化艺术系统及其工作者，包括基层群众在内，也普遍掀起了一场学习乌兰牧骑精神的热潮，乌兰牧骑逐渐为全国人民所熟知。

---

① 详参《人民日报》1964 年 12 月 12 日第 2 版《高举毛泽东思想红旗奔驰在草原上的文化轻骑兵 内蒙古"乌兰牧骑"来京演出 演员们旺盛的革命热情和生动活泼的风格激动人心》；1964 年 12 月 14 日第 6 版《打成一片——再赞"乌兰牧骑"》；1964 年 12 月 21 日第 5 版《路是人走出来的——三赞"乌兰牧骑"》。

以下是1965年《人民日报》报道的"学习乌兰牧骑活动事迹"有关新闻稿所涉及的时间、地区（行业）、学习主体、内容和活动特征。

各地区学习乌兰牧骑活动事迹构成表
（注：表中出现时间以《人民日报》为统一基准，具体事件一般在
《人民日报》刊文前一日）

时间	地区 / 行业	学习主体	内容	活动特征
1月15日	中央歌舞团	舞蹈演员	学习"乌兰牧骑"好榜样	找差距，学先进
1月15日	北京第一棉纺织厂	工人	关键在于革命精神	学习文艺为工农兵服务的革命精神
1月15日	伊克昭盟乌审旗"乌兰牧骑"队员	队员个人	为牧民服务一辈子	把社会主义的新文化送给牧民
1月21日	中央乐团合唱队	女高音声部集体	看看"乌兰牧骑"，想想自己	学习为人民服务的本领
1月26日	中央歌舞团	演员个人	想起当年文工团的优良革命传统	学习乌兰牧骑为工农兵服务的精神
1月27日	中国煤矿文工团	集体	自己编排节目并组队奔赴边远地区煤矿生产第一线演出	永远为工农兵服务
2月6日	内蒙古各民族文艺工作者	相关工作者	结合本单位的实际情况，找差距、抓思想，找出改进工作的办法	要像"乌兰牧骑"那样为工农兵服务

续表

时间	地区/行业	学习主体	内容	活动特征
2月26日	山东专业剧团	三百多个演出队	下乡为农民演出小型革命现代戏和曲艺节目、参加生产劳动	增进和农民的思想感情
3月8日	文化部直属艺术表演单位	中央歌舞团、中央乐团、中央民族乐团、中国歌剧舞剧院、中央歌剧舞剧院、中国青年艺术剧院、中国儿童艺术剧院等	赴全国各地宣传新文化、与农民共同劳动	把社会主义新文化带到工农兵群众中去,下乡下厂下连队为工农兵服务
7月7日	广州部队海上文化工作队	二十一人工作队	演出、放电影、培养文娱骨干、修理乐器放映机扩音器和收音机、照洗相片、洗补军衣	海上"乌兰牧骑"
7月13日	内蒙古艺术剧院直属单位	十一个乌兰牧骑式文化工作队	演出和劳动,开展各种服务活动	思想得到了锻炼,艺术创作也有很大收获
7月13日	宁夏回族自治区盐池县	秦腔剧团	到县内最偏僻的地区,为农牧民演出秦腔现代戏	学习"乌兰牧骑"为工农兵服务的精神和一专多能的工作本领
7月20日	文化部直属五单位农村文化工作队	中国歌剧舞剧院、中央民族乐团、中央歌舞团、中央乐团、东方歌舞团	组成"乌兰牧骑"式农村文化工作队,进行演出、创作、辅导、劳动和宣传活动	以"三结合"方式,由文化工作队员们群策群力集体创作节目

续表

时间	地区 / 行业	学习主体	内容	活动特征
8 月 13 日	内蒙古新华书店	店员	送书下乡	学习"乌兰牧骑"革命精神
8 月 15 日	浙江专业剧团	浙江省一百多个专业剧团	采用"小分队"形式送戏下乡	一专多能，小分队下乡
9 月 15 日	新疆"乌兰牧骑"式文化工作队	南疆三十多个工作队	向农牧民和战士表演节目，向劳动人民学习	将现实生活用于创作的源泉
10 月 21 日	西藏地区	"乌兰牧骑"文化轻骑队的队员	讲《为人民服务》《愚公移山》	深入群众

　　1965年，文化部根据周恩来同志的倡议，选派3支乌兰牧骑分赴全国各地巡回演出。这3支乌兰牧骑组成3个代表队到全国各省（区、市）进行巡回演出，受到了全国文艺界和各族群众的欢迎。

　　乌兰牧骑人用坚韧不拔的意志、服务人民的精神、热情敬业的态度，把符合广大农牧民需求的文艺表演和无私奉献的精神带到了全国各地，送到了人民心中。内蒙古自治区以外的一些地方，也组织了"乌兰牧骑"式的演出队，"直接深入到生产队、车间、连队等基层单位中去普及社会主义文化。广东、广西、云南、贵州、西藏、青海等地，还成立了或正在筹建专门到边疆和少数民族山区去的'乌兰牧骑'式文化工作队"①。

---

① 《一次贯彻党的文艺方向的示范 "乌兰牧骑"演出队胜利完成在二十七省市自治区巡回演出任务》，《人民日报》1966 年 1 月 16 日第 2 版。

内蒙古自治区乌兰牧骑 1965 年全国范围活动情况
（注：表中出现时间以《人民日报》为统一基准，具体事件一般在
《人民日报》刊文前一日）

时间	工作队名称	活动范围	持续时间	内容
1 月 17 日	正蓝旗"乌兰牧骑"	汗格拉、和勒斯太、赛音胡达格等公社	1964 年 12 月到 1965 年 1 月	辅导群众文艺活动，帮助牧民过春节
2 月 15 日	巴彦淖尔盟阿拉善左旗"乌兰牧骑"	三个公社的八个生产队	春节前后八天	为牧民社员演出了 50 多个生动活泼和短小精悍的文艺节目
6 月 11 日	内蒙古三个"乌兰牧骑"	全国九个省区	1965 年 6 月到 1966 年 11 月	向文艺工作者传播革命精神和工作经验
7 月 2 日	内蒙古自治区"乌兰牧骑"演出队	广州、武汉等中南地区	1965 年 6 月 29 日到 8 月 28 日	中南区戏剧观摩演出大会
8 月 28 日	内蒙古自治区"乌兰牧骑"一个队等	西藏拉萨	不详	祝贺西藏自治区成立

内蒙古自治区乌兰牧骑是在党的文艺方针指引下，根据内蒙古自治区的实际情况创建起来的一支革命化、民族化、群众化的文艺轻骑兵。它的诞生、成长和发展，一直受到党和国家领导人的高度重视和殷切关怀。根据党和国家领导人的指示，1965年5月至1966年1月，乌兰牧骑在全国各地进行巡回演出，把种子撒向全国。

1965年是乌兰牧骑从内蒙古自治区走向全国的关键一年，也是取得巨大收获成果的一年。这一年，随着各地掀起学习乌兰牧骑的热潮，乌兰牧骑这一新生事物，在960万平方公里的广袤土地上留下了由它衍生、发展而来的众多类似组织和形式，为服务群众的文化需求，传播吃苦奉献、实事求是、敢为人先的精神，繁荣社会主义文艺作出了重要贡献。在社会主义建设时期，乌兰牧骑对国内艺术表演、文艺创作等方面的更好发展发挥了重要作用。

四、乌兰牧骑走向世界

1965年9月，应法国全国学联的邀请，参加在法国马赛举行的第十三届大学生国际文化联欢节的中国学生代表团，在结束任务后，又在马赛街头进行了表演。这支代表团共七人，他们带着手风琴和用于伴奏的录音机等几样简单的道具，为法国民众表演了丰富多彩的舞蹈和歌唱节目。这些表演的学生来自中国学生代表团艺术组，他们是一个"乌兰牧骑"式的小分队，本着以乌兰牧骑短小精悍的组织形式和一专多能的业务特点，首次走出国门，登上世界舞台，把中国的文艺送给了国际友人，向世界人民传递了中国的文化艺术。1966年1月，法国马赛市的《马赛人报》高度评价了中国乌兰牧骑的高质量表演。

在"文化大革命"时期，乌兰牧骑的发展一度受到了影响，甚至部分地区的乌兰牧骑演出活动被迫停止。尽管受到了阻碍与破坏，但乌兰牧骑并未因此放弃它最本质的初心——为人民服务，乌兰牧骑队员们在逆境中坚持继续创作、继续服务全国人民，还为乌兰牧骑走向世界作出了巨大贡献。

1974年11月5日，为庆祝中法航线开通，中国外贸部副部长柴树藩和来自11个省市的59位代表，乘坐中国民航飞机，应邀前往法国参观访问。访法期间，法中友协在放映的《今日中国》纪录影片中，生动介绍了乌兰牧骑演出队战斗生活的情况。在一次招待会上，法中友协的友人们巧遇了参观团内的文艺工作者牡兰。经介绍，他们才知道站在他面前的牡兰原来就是他在银幕纪录片《今日中国》上看到的中国乌兰牧骑演员。顿时，他们感到格外亲切，并和牡兰进行了热烈友好的交谈。这次访问活动中的纪录片放映，为外国民众了解我国的文化艺术打开了一扇窗口，同时，乌兰牧骑也以别样的形式出现在了世界人民面前。

乌兰牧骑为走向世界付出了艰辛的努力，也取得了巨大的成就。基于《人民日报》数据，我们可以一目了然地了解到乌兰牧骑在走向世界过程中的重要活动轨迹和取得的丰硕成果。从1957年乌兰牧骑成立到1987年，经过30年的发展，乌兰牧骑已有10多万公里的工作路程和18个国家的足迹经历。截至1987年7月，内蒙古自治区已有50个乌兰牧骑，队员有1000多人[①]。从1957年到1987年这30年，在党的领导下，经过队员们的艰辛努力和不断探索，乌兰牧骑已将这一富有民族特色和地域特点的艺术组织与形式，送到了亚洲、欧洲、非洲等地区和国家。乌兰牧骑建队之后的第35年，即1992年，"35年来，乌兰牧骑……演出足迹遍布自治区118万平方公里土地上的广漠牧区、莽莽林区、河套灌区以及我国29个省市和世界上25个国家与地区，观众达

---

① 布赫：《"乌兰牧骑"三十年》，《人民日报》1987 年 7 月 21 日第 5 版。

1.7亿人次”①。1996年，乌兰牧骑又在美国的数个城市进行了多天的连续巡演，为中国民族文艺的传播与发展作出了杰出贡献。

1996年夏，中国内蒙古自治区直属乌兰牧骑应邀访美。由乌兰牧骑队员组成的中国内蒙古民族歌舞团访美的首场演出在迪士尼乐园开启。内蒙古民族歌舞团在迪士尼乐园演出30多场，场场吸引众多观众。接着，乌兰牧骑又奔赴美国首都地区华人、华侨最集中的城区之一——被称为"华人小区"的华盛顿罗克维尔城演出。在乌兰牧骑还未到达之前，内蒙古民族歌舞团将到罗克维尔城演出的消息就已不胫而走。为了满足居住在美国首都地区更多华人、华侨以及中国留学生和访问学者的要求，次日，内蒙古民族歌舞团又应邀在华盛顿北部的马里兰大学进行了演出，受到了热烈欢迎。告别华盛顿之后，内蒙古民族歌舞团一行又在芝加哥进行了4场演出。在印第安纳州演出时，首府印第安纳波利斯市市长还授予了内蒙古民族歌舞团荣誉称号。歌舞团在亚特兰大的演出被奥委会组委会作为当届奥运会前的一项主要活动。7月5日，在洛杉矶举行的此次访问的最后一场演出，更是轰动全城。歌舞团的演员们以优美的舞蹈、醉人的歌声，为当地观众献上了一台丰富多彩、民族气息浓郁的歌舞晚会。当时的洛杉矶郡长安东诺维奇在演出前会见了全体乌兰牧骑演员，高度评价了乌兰牧骑精湛的表演艺术。

---

① 王凤莲、汤计：《乌兰牧骑欢庆35岁生日》，《人民日报》1992年8月10日第2版。

五、乌兰牧骑发展蒸蒸日上

1978年12月18日，党的十一届三中全会隆重召开。这次会议，作出了实行改革开放的历史性决策。乌兰牧骑也迎来了茁壮发展的春天。

自1957年诞生至20世纪70年代末，乌兰牧骑已经由最初的9个人，发展成为一个拥有约50支队伍的表演群体，分布范围覆盖内蒙古自治区大多数旗县。从辽阔的乌珠穆沁草原到富饶的河套平原，从鄂尔多斯高原到腾格里沙漠，处处闪现着他们的身影，处处都有他们战斗的痕迹。尽管乌兰牧骑的队员换了一批又一批，但乌兰牧骑服务群众的本色从未改变。改革开放的春风，又为乌兰牧骑增添了新的发展动力。

1979年10月30日，中国文学艺术工作者第四次代表大会在北京召开，会议的主题报告是《继往开来，繁荣社会主义新时期的文艺》。此次会议对促进文化文艺工作的开展具有重大意义，推动了乌兰牧骑的繁荣发展。

此后，乌兰牧骑迎来了发展史上的新阶段。1982年10月，内蒙古自治区为庆祝乌兰牧骑成立25周年，在呼和浩特市举行了集会和文艺调演活动。参加这次文艺调演的17支乌兰牧骑队伍，演出了15台晚会，包括200多个舞蹈、曲艺、小戏等。这些节目"充满着浓郁的生活气息、强烈的时代精神和鲜明的民族特色，表现了党的三中全会以来，内蒙古牧区、农村发生的深刻变化和出现的新人新事新风尚"[1]。

1983年9月，由国家民委和文化部主办的全国乌兰牧骑式演出队

---

[1] 林文堂、张世英：《草原上永不凋谢的花朵——看乌兰牧骑建立二十五周年文艺调演》，《人民日报》1982年11月21日第5版。

会演在北京民族文化宫礼堂举行，由内蒙古、新疆、西藏、云南、贵州、四川、吉林、辽宁、青海、甘肃、宁夏、湖南、湖北、广西、广东等地的16个乌兰牧骑式演出队表演了200余个文艺节目。在文艺会演开幕之前，为了表彰乌兰牧骑的佳绩，发扬乌兰牧骑精神，进一步活跃农牧区文化生活，邓小平同志、邓颖超同志、杨静仁同志分别为乌兰牧骑题词："发扬乌兰牧骑作风，全心全意为人民服务""坚持党的文艺方向，面向基层，为广大农牧民服务""乌兰牧骑是蒙古民族创造的一种文艺宣传形式，它短小精干，轻便灵活，适合在各种场合演出，特别适合深入牧区、林区、农村、矿山、工厂和部队作宣传，我们应当不遗余力地、锲而不舍地提倡和推广"[1]。

20世纪90年代以后，乌兰牧骑进一步受到了社会各界的关注和支持。1992年，在乌兰牧骑建队35周年的时候，他们的演出足迹已经遍布中国各地和世界上25个国家与地区，观众达1.7亿人次之多。1997年，来自全国各地的15支乌兰牧骑先进团（队）的代表，身着民族节日服装，齐聚人民大会堂，出席由文化部召开的表彰大会。这次受表彰的15支乌兰牧骑团（队），自觉地同人民群众打成一片，以服务基层人民群众为己任。同时，他们还善于从生活中积累素材，科学地借鉴各种其他优秀艺术，不断出新品、出精品。这些先进团（队）还根据时代要求，调整、完善自己的运作机制，始终与时代同行。1999年1月，江泽民同志在呼和浩特亲切会见了内蒙古自治区直属乌兰牧骑艺术团的成员，并对乌兰牧骑给予了高度评价，称乌兰牧骑在全国人

---

[1] 《邓小平邓颖超杨静仁为内蒙古乌兰牧骑题词 发扬乌兰牧骑作风全心全意为人民服务》，《人民日报》1983年9月18日第1版。

民心中久负盛名。几十年来，乌兰牧骑驰骋在内蒙古草原，用文艺的形式宣传党的方针政策，做到了每个文艺节目都能贴近人民生活。[①]

六、乌兰牧骑逐渐大放光彩

进入21世纪以来的乌兰牧骑，不断深化改革，坚持守正创新，勇于自我革命，走出了一条符合自身特点、具有民族特色的乌兰牧骑发展之路。

时代在变化，乌兰牧骑也与时俱进。在长期的发展过程中，乌兰牧骑难免也会出现一些需要革新和突破的地方。制度传统、经费短缺、人才流失等问题，都是乌兰牧骑面对的现实难题。勇于突破，是乌兰牧骑实现发展的必要之举。

21世纪以来，乌兰牧骑在服务农牧民、繁荣基层文化、建设先进集体等活动中屡次刷新成绩，彰显出旺盛的生命力和独特的优势。

2006年，锡林郭勒大草原上的西乌珠穆沁旗科普乌兰牧骑，将乌兰牧骑的优良传统与现代社会的科技发展结合起来，走出了一条特色办团道路。他们采用多种艺术表现形式，为农牧民普及科学知识，为弘扬民族文化、促进区域经济发展和社会进步开辟了新的路径，成为众多乌兰牧骑学习的典范。

2010年12月，内蒙古自治区鄂尔多斯市乌审旗乌兰牧骑、四川省甘孜州炉霍县乌兰牧骑演出队荣获了县级文艺院团和民营文艺表演团体的奖项；2013年10月，内蒙古自治区通辽市科尔沁左翼中旗乌兰牧骑荣获了县级文艺院团和民营文艺表演团体奖项；2015年11月，内蒙古

---

① 何平、尹洪东、杨振武：《江泽民在内蒙古考察工作时强调 把人民群众的利益实现好维护好发展好 为改革和建设增强群众基础和力量源泉》，《人民日报》1999 年 2 月 3 日第 1 版。

自治区锡林郭勒盟镶黄旗乌兰牧骑、内蒙古自治区通辽市科尔沁左翼后旗努古斯台镇塔林布斯瑰艺术团、内蒙古自治区赤峰市巴林右旗乌兰牧骑、甘肃省酒泉市肃北县乌兰牧骑获得了先进文艺院团奖项；2017年12月，内蒙古自治区锡林郭勒盟苏尼特右旗乌兰牧骑、内蒙古自治区鄂尔多斯市杭锦旗乌兰牧骑、内蒙古自治区通辽市科尔沁左翼中旗后旗乌兰牧骑、内蒙古自治区阿拉善盟额济纳旗乌兰牧骑荣获了先进院团奖项。

党和国家领导人高度关注我国的文艺事业及文化理论的发展。2016年11月30日，在中国文联十大、中国作协九大开幕式上，习近平总书记指出："党对文艺工作历来高度重视，这是因为，文艺事业是党和人民的重要事业，文艺战线是党和人民的重要战线。在革命、建设、改革各个历史时期，广大文艺工作者响应党的号召，坚持为人民服务、为社会主义服务的方向，坚持百花齐放、百家争鸣的方针，创作了一大批脍炙人口、深入人心的优秀作品，弘扬了中国精神，凝聚了中国力量，为我们党团结带领人民实现民族独立、人民解放、国家富强、人民幸福作出了十分重要的贡献。"同时，习近平总书记还对文艺工作者以及我国的文艺事业提出了"坚定文化自信，用文艺振奋民族精神""坚持服务人民，用积极的文艺歌颂人民""勇于创新创造，用精湛的艺术推动文化创新发展""坚守艺术理想，用高尚的文艺引领社会风尚"四点希望。①

2017年11月21日，习近平总书记给乌兰牧骑诞生地——苏尼特右旗的乌兰牧骑队员们回复了信件。在回信中，习近平总书记指出，乌

---

① 习近平：《在中国文联十大、中国作协九大开幕式上的讲话》，《人民日报》2016年12月1日第2版。

兰牧骑是全国文艺战线的一面旗帜，为广大农牧民送去了欢乐和文明，传递了党的声音和关怀。同时，习近平总书记还勉励乌兰牧骑队员们扎根生活沃土，服务牧民群众，推动文艺创新，努力创作更多接地气、传得开、留得下的优秀作品。①

2018年7月25日，为深入贯彻习近平总书记关于乌兰牧骑事业发展的重要指示精神，落实中央和自治区关于繁荣社会主义文艺事业的意见，推动中国民族文艺理论评论工作，由中国文艺评论家协会、内蒙古自治区文学艺术界联合会主办的"第二届全国民族文艺论坛"在内蒙古自治区锡林浩特市召开。此次论坛探讨了乌兰牧骑精神的传承和民族艺术的发展，对推动乌兰牧骑的持续繁荣发展具有积极作用。

2019年9月26日，内蒙古自治区第十三届人民代表大会常务委员会第十五次会议通过了《内蒙古自治区乌兰牧骑条例》，这对传承和弘扬乌兰牧骑精神，发挥乌兰牧骑红色文艺轻骑兵作用，促进乌兰牧骑事业全面持续健康发展极其重要，同时，这也是建立健全乌兰牧骑发展机制的重要体现。

2019年11月21日，由中国社会科学院、内蒙古自治区党委、内蒙古自治区人民政府联合主办的"弘扬乌兰牧骑精神"理论研讨会在呼和浩特市召开。来自中国社会科学院、中国国家博物馆、北京大学、复旦大学等科研机构、文博单位和高等院校的专家学者参加了研讨交流。研讨会对乌兰牧骑精神的内涵进行了阐释，对乌兰牧骑精神的特质进行了提炼，对乌兰牧骑精神的意义进行了总结。这对促进乌兰牧

---

① 《习近平回信勉励乌兰牧骑队员 大力弘扬乌兰牧骑优良传统 永远做草原上的"红色文艺轻骑兵"》，《人民日报》2017年11月22日第1版。

骑精神的学术研究、推进乌兰牧骑的实践发展具有重大意义。

2020年,在乌兰牧骑成立日到来之际,内蒙古自治区文化和旅游厅与自治区党委宣传部联合制定了《2020年网上乌兰牧骑工作方案》和《2020年"乌兰牧骑月"活动方案》,开展了"乌兰牧骑月"活动。通过线上线下相结合的形式,用心为农牧民服务,大力弘扬乌兰牧骑精神,扩大"乌兰牧骑月"活动的影响力,为建设更加美好的内蒙古自治区作出积极贡献。2020年8月,由内蒙古自治区文化和旅游厅主办的2020年全区乌兰牧骑交流演出活动在察哈尔右翼中旗库伦苏木启动,察哈尔右翼中旗乌兰牧骑和锡林郭勒盟苏尼特左旗乌兰牧骑一起深入草原牧场,携手为当地的群众献上了一场文艺盛宴。

第二节　乌兰牧骑的代表人物

乌兰牧骑在60多年的发展历程中,涌现出了一大批代表人物,如伊兰、德德玛、拉苏荣等。这些优秀代表人物用实际行动展现了乌兰牧骑队员们的精神风貌,为乌兰牧骑的发展与创新作出了突出贡献。

一、伊兰

(一)扎根草原,服务人民

伊兰,女,1935年生,蒙古族。伊兰出生于内蒙古自治区兴安盟乌兰浩特市，从小能歌善舞。她是全国第一支乌兰牧骑第一代队员，曾任苏尼特右旗乌兰牧骑第二任队长、指导员。

新中国的成立，开启了我国文化建设的新征程。党和国家高度重视文化建设，希望通过文化建设提高人民的精神生活质量。同时，文化建设也是"建设一个具有现代工业、现代农业和现代科学文化的社会主义国家"[①]的重要一部分。各地为响应党和国家的号召，纷纷建立相应的文化场馆。但在地广人稀、流动放牧的广袤大草原上，这样的文化场馆在可行性、利用效率等多方面还存在一些现实问题。针对这一具体情况，内蒙古自治区有了一个"在牧区怎样丰富牧民文化生活"的构想，并在锡林郭勒盟苏尼特右旗开展试点工作，全区第一支乌兰牧骑就这样带着党的殷切嘱托，在苏尼特右旗正式诞生。组建队伍首先要解决的就是人的问题，在组织找到伊兰的时候，伊兰毫不犹豫，并为自己能够成为一名社会主义文化的传播者而感到骄傲。

乌兰牧骑刚刚成立时，只有9名队员。责任大，任务重。在那个物质还相对匮乏的历史时期，伴随演出的就只有一些简单的乐器、道具和勒勒车，再加上一面鲜红的乌兰牧骑队旗。然而，无论是夏天高高的太阳顶在头上，还是冬天厚厚的积雪陷住了车轮，都没有阻挡住伊兰和队友们一起为农牧民演出的步伐。

乌兰牧骑第一次下乡演出的地点，是距离旗里100多公里的赛汗乌力吉公社。那天，演员们赶了整整一天的路，虽然很累，但一路上伊兰的谈笑风生赶走了队员们的疲惫，她的积极乐观也深深感染着大家。就这样，天快黑时，他们终于到达了目的地。稍微休整了一

---

① 《毛泽东文集》（第七卷），人民出版社1996年版，第268页。

下，伊兰和队友们就开始为早已等候多时的农牧民群众表演了。演出的地方是一座已有270多年历史的陶高图庙，当时没有电，就用汽灯照明。队员们精神饱满、歌舞欢腾的演出受到了农牧民们的热烈欢迎。乌兰牧骑队员为农牧民演出始终坚持"四个不分"，即不分生活好坏，以苦为荣；不分观众多少，有求必应；不分场地条件，见缝插针；不分路途远近，送戏上门。队友们做到了，伊兰也做到了。

20世纪50年代末，建队初期的队员们下乡演出

来源：中共苏尼特右旗委宣传部

有一次在阿其图乌拉一带演出期间，伊兰在小戏中扮演一位老太太。演出结束后，刚卸妆，就有一位老额吉进来，手捧一碗奶酒对伊兰说："刚才那位老太太呢？我想和她说说话。"伊兰连忙解释那是自己扮演的角色。老额吉一辈子没看过演出，怎么说也不相信，于是伊兰重新化了妆，将刚才的戏又演了一遍。老额吉高兴地把手中的奶酒端到伊兰面前，让她和队友荷花喝下。再后来，伊兰因为要在当

地持续演出好几天，就受邀住在了老额吉家。伊兰不仅每天给老额吉讲述演出中的故事，还为她唱歌，帮她劳作，与老额吉建立了深厚的感情。

乌兰牧骑队员除了为农牧民演出文艺节目外，还有一项重要的任务，就是帮助农牧民搞生产建设。1959年夏天，才刚刚结婚一个多星期的伊兰，就和其他3名队员一同走进乌日根塔拉公社，开始了为期一年多的劳动锻炼和体验生活。伊兰觉得不能给老乡增添负担，于是和队友们自己开火做饭。伊兰还承包了500只羊的放牧工作。放500只羊可不是件轻松的事，既要让羊吃饱草，又要让羊喝饱水。那个时候饮羊只能用木桶从井里一桶一桶往上提水，无论多累，伊兰都没有怨言。

改革开放的春风，拂过内蒙古自治区的大地，也给乌兰牧骑注入了新的活力。为了能够推进乌兰牧骑事业的发展，伊兰在乌兰牧骑完善强化人员管理机制、建立健全各项规章制度等方面，积极建言献策。在党的政策下，她和队里的其他负责人率先带领苏尼特右旗乌兰牧骑在探索中积极改革，摸索出了"牧忙分散、牧闲集中、灵活机动、方便群众"的活动方法和演出方式，还把竞争机制、队长负责制、演员聘任制等改革措施逐步引入乌兰牧骑的建设之中，为乌兰牧骑的发展积累了新的经验，增添了新的动力。

1982年，伊兰被任命为乌尼特右旗乌兰牧骑指导员。除了完成演出任务之外，她还承担着提升乌兰牧骑队员思想素质的工作。她坚持以身作则，不忘初心、不辱使命，为乌兰牧骑的各项工作付出了艰辛努力。

1984年10月1日，是伊兰一生中最为难忘的幸福时刻。那天，她率

领苏尼特右旗乌兰牧骑，代表全区乌兰牧骑参加了庆祝中华人民共和
国成立35周年的首都国庆游行。当他们的彩车通过天安门城楼接受党
和国家领导人检阅时，她的眼睛被幸福的泪水模糊了。她暗暗下定决
心，要在乌兰牧骑干一辈子，为农牧区而歌，为农牧民而舞。

1984年10月1日，苏尼特右旗乌兰牧骑彩车在天安门前缓缓经过

来源：中共苏尼特右旗委宣传部

（二）艰苦奋斗，深入基层

在乌兰牧骑工作的35年当中，伊兰认真表演着每一个节目，用心
编创着每一部作品，用情主持着每一次演出。编创了多少节目，演出
了多少次，主持了多少场，她自己也记不清了。她只记得为了赶一场
演出，常常要跑一整天路，甚至赶几天路，有时马车被雨雪阻隔，就
只能风餐露宿。即使在这样困难的情况下，他们每年深入基层的演出
也都在100场以上。

清清的泉水滋润着草原万物，浓浓的深情感动着草原人民。伊兰真心爱民，用心投入。她编创的舞蹈《打草场上》《接羔舞》《献哈达舞》等许多文艺节目在农牧区一一上演，深深地感染着成千上万的农牧民。

在她担任队长期间以及后来的演出活动中，她还将对特殊困难观众的登门演出作为一项制度，坚持为老弱病残孤群众送戏上门。她经常深入大漠腹地，走家串户，为农牧民送去新排演的节目，为了减轻群众的接待负担，她还自带行李和粮油、餐具等下乡演出。

伊兰和队友集演出、宣传、辅导、服务于一身，在演出之余，他们还为农牧民群众提供幻灯片放映、图书代售、政策宣传、科普展览、文艺辅导等一系列综合文化服务乃至力所能及的生产生活服务。在每一项服务中，伊兰都充分发挥党员模范作用，想在前面，干在前面。伊兰曾说过："我们和农牧民群众的情感是点滴间培养出来的，根深蒂固。"

在长期的交流过程中，乌兰牧骑同农牧民群众形成了一种水乳交融、血肉相连的关系。乌兰牧骑是真正全心全意为农牧民服务的演出队、辅导队和服务队，这样的服务内容和服务形式，是完全适应草原农牧民的生产和生活需要的。

在乌兰牧骑岗位上的每一天，伊兰都尽心尽力地工作着。作为苏尼特右旗乌兰牧骑的队长和指导员，她积极带领队员们提升业务素养，学习党的文艺思想，将队员中党员党性的培养和业务能力的提升充分结合起来，做到边学边用、边用边学。伊兰以饱满的革命热情和敢为人先的创新精神，在传承民族文化、建设美好生活、加强基层党建工作等方面作出了重要贡献。她坚持党员率先垂范到农牧区为广大群众送歌献舞，坚持进行反映现实生活的创作和演出，推动了乌兰牧骑的自身建设和发展。

同时，伊兰还长期带领队员们帮助那些缺乏劳动力或遇到特殊困难的农牧民从事剪羊毛、打储草等生产活动，为一些农牧民提供照相、代寄邮件等生活服务。再后来，伊兰把服务的重点转移到为农牧民提供科技信息和致富门路方面来，鼓舞农牧民的劳动热情，不仅把党的惠民政策送至农牧民家中，还给人民带去了欢乐和幸福，为传承和弘扬乌兰牧骑精神贡献了自己的一份力量。

1964年，伊兰第一次登上首都舞台。在受到周恩来同志等国家领导人接见时，她激动不已，深感肩上的责任重大。每当拿出自己收藏多年的照片，看到当时定格的画面，她都记忆犹新。2017年，当习近平总书记温暖回信苏尼特右旗乌兰牧骑队员时，伊兰激动地流下了泪水。她是第一代乌兰牧骑队员扎根基层、服务群众的缩影，也是第一代践行乌兰牧骑精神的先锋。

"从我内心来讲，不怕苦不怕累就是我们的精神；服务基层、服务群众就是我们的精神。"伊兰老人生前语重心长的话语，是她献身乌兰牧骑事业35年的深深感慨，也大大鼓舞了新时代的乌兰牧骑队员。

二、德德玛

（一）意志坚强，不断成长

德德玛，女，1947年生，蒙古族，女中音歌唱家，被誉为"草原上的夜莺"。德德玛出生于内蒙古自治区阿拉善盟额济纳旗，她的家人祖祖辈辈都生活在草原上，她的父母都是优秀的草原歌手。受家庭环境熏陶，德德玛从小喜欢歌舞，7岁时就已经是当地的一名小歌手。

1960年8月，内蒙古自治区阿拉善盟额济纳旗乌兰牧骑正式成立。当时，德德玛正在上小学四年级，音乐课上老师观察到德德玛唱歌的声音很响亮，唱歌时"自带麦克风"。班主任老师建议德德玛参加乌兰牧骑，德德玛听说乌兰牧骑是为农牧民唱歌、跳舞和表演节目的队伍，很是喜欢。

就这样，13岁的德德玛加入了乌兰牧骑，成为当时额济纳旗乌兰牧骑9名队员中年龄最小的一员。两年多的时间里，她随乌兰牧骑寻访了一个个蒙古包，热情地为农牧民进行文艺表演。

1962年5月18日，德德玛作为额济纳旗乌兰牧骑队员之一，为时任内蒙古自治区主席的乌兰夫同志作汇报演出。当时，电影《洪湖赤卫队》风靡全国，德德玛就用蒙古语演唱了电影主题曲《洪湖水，浪打浪》。看完演出后，乌兰夫同志对德德玛赞赏有加，并对额济纳旗乌兰牧骑给予高度评价。由于德德玛的优异表现和发展潜力，1962年，德德玛被保送进入内蒙古艺术学校（现内蒙古大学艺术学院）声乐研究班学习。1964年，德德玛又被保送至新成立的中国音乐学院声乐系学习，接受系统、正规的声乐训练。五年的专业训练，大大提高了德德玛的音乐素质。毕业后，德德玛回到了自己的家乡，担任独唱演员。回顾自己的成长经历时，德德玛由衷地感谢党和国家的民族政策，感谢党和国家的教育培养。

1978年，内蒙古歌舞团接到通知，去广州参加第十届广州交易会的演出。在广州，德德玛上台独唱了后来风靡全国的名曲《美丽的草原我的家》。观众通过这首歌，不仅熟悉了德德玛，也更加熟悉了内蒙古大草原。

1979年国庆前夕，内蒙古歌舞团在北京天桥剧场举行"建国30周年献礼演出"，德德玛的独唱大获好评。这次演出后，中央民族歌舞团发现了德德玛这个难得的人才，随后，德德玛在内蒙古歌舞团的同意下调入了中央民族歌舞团。在中央民族歌舞团这样一个多民族集体里，德德玛意识到，作为一名少数民族歌手，不会演唱本民族最古老的民歌是不行的。于是，她专门到锡林郭勒草原，向"长调歌王"哈扎布学习，将长调民歌与美声唱法有机融合，形成了自己独特的演唱风格。

（二）心怀大爱，无私奉献

德德玛来自草原，热爱草原，歌唱草原。她幼年在草原成长学艺，然后从乌兰牧骑走向全国舞台，盛年时离开草原名扬海内外，晚年时落叶归根回到草原。回顾近一甲子的演艺生涯，德德玛以自己的经典歌曲《我的根在草原》作了总结："无论在哪里，我的根在草原。"

在数十年的歌唱生涯中，德德玛演唱了很多歌曲。在她的每张专辑里，绝大多数曲目都和草原相关。她对草原的依恋、思念之情，通过《草原夜色美》《雕花的马鞍》《我的根在草原》《辽阔的草原》《思念故乡》等一首首歌曲传递出来。

越是民族的，越是世界的。德德玛的歌曲不仅受到全国各族人民的喜爱，也受到许多国际友人的欢迎。她先后到过坦桑尼亚、罗马尼亚、美国、日本等国家访问演出，为增进我国人民同上述国家人民之间的友谊作出了重要贡献。

1998年2月，德德玛应邀到日本演出，参加"纪念中日邦交正常化20周年、纪念周恩来同志诞辰100周年"的大型晚会。这次演出日程安排相当紧张，常常是半夜一两点回旅馆，早上七八点又赶往另一个地方。4月2日，在演出进行到第25场的时候，德德玛由于过度劳累突发脑出血，昏迷了8天才醒来。这时，她的右半身不能动了，说话也十分困难。医生告诉右半身瘫痪的她："您的后半生，恐怕要在轮椅上度过了……"

回到北京后，德德玛住进了中国人民解放军总医院，才知道自己是脑出血。此时的她正处于事业巅峰，这等于宣布她退出了舞台。在如此困难的情况下，德德玛并没有灰心，在丈夫扎西尼玛的支持和鼓励下，她开始了异常艰苦的恢复过程。在长达两年多的时间里，扎西尼玛坚持给德德玛做康复，陪她锻炼。终于，德德玛靠着坚强的毅力再次站了起来，并重新返回了舞台。这次生命中的劫难，也改变了她的人生轨迹——她希望做更多有益的事情。

草原上，几乎每一个孩子都热爱音乐，但对于一些农牧民家庭来说，音乐却是一个太过昂贵的梦想。2002年，德德玛拿出了自己的全部积蓄，创办了内蒙古德德玛音乐艺术专修学院。在这里，不分贫富出身，只要热爱音乐，有音乐才华和音乐梦想，就可以得到培养和深造的机会。涅槃重生之际，德德玛担起了沉甸甸的草原音乐的未来，她筹措资金、倾其所有为草原孩子的音乐梦想插上翅膀。多年来，该学校培养出了一大批一专多能的艺术人才，改变了很多草原孩子的命运。而德德玛也一直在勇敢前行，2019年2月，德德玛在央视春晚与众歌手一起演唱歌曲《我和我的祖国》；2019年9月，德德玛参加天津卫视"歌唱祖国"国庆特别节目；2023年2月，德德玛参加第九届中国诗歌春晚，参与演唱诗人席慕蓉的《父亲的草原母亲的河》。2023年底，这位"草原上的夜莺"永远地离开了我们。

三、拉苏荣

（一）长调歌王，人民的歌唱家

拉苏荣，男，1947年生，蒙古族，男高音歌唱家，国家一级演员。拉苏荣出生于内蒙古自治区伊克昭盟（现鄂尔多斯市），少年时期便深受乌兰牧骑影响，最终成为了一名优秀的乌兰牧骑人。

乌兰牧骑是一支为农牧民服务的队伍，队员们不仅为农牧民带来歌舞，还会定期给农牧民理发、授课、送医送药……乌兰牧骑的出现，给草原农牧民带来了欢声笑语，也给少年拉苏荣带来了不一样的感动。

当少年拉苏荣目睹早期乌兰牧骑队员为农牧民带来的精彩表演时，他就下定决心，自己也要成为一名乌兰牧骑队员。1960年，13岁的拉苏荣因为出色的嗓音条件，正式成为伊克昭盟杭锦旗乌兰牧骑的一员，他也是当时杭锦旗乌兰牧骑最年轻的队员。年少的拉苏荣，就这样开始了他的演唱生涯，没想到的是，他一唱就是一辈子，而且还从草原唱到了北京。

1962年，拉苏荣进入内蒙古艺术学校，并得到了蒙古族三位长调艺术大师昭那斯图、哈扎布以及宝音德力格尔的倾心指导。经过几年的努力，拉苏荣开始在草原上崭露头角。

1965年，在新疆维吾尔自治区成立10周年之际，中央派代表团到新疆演出，年仅18岁的拉苏荣跟团出行。演出大获成功，拉苏荣的表现也得到了大家的一致认可。他的演唱技巧日臻完善，并在后来成为新一代的"长调歌王"。

1967年，拉苏荣从内蒙古艺术学校毕业后，再次回到了乌兰牧骑，回到了他梦想开始的地方。他和熟悉的队员们，再次行走在草原上，为农牧民表演，为农牧民服务。在为农牧民演出的许多记忆中，有一幕令拉苏荣终生难忘。20世纪80年代初，在一个夏天的晚上，乌兰牧骑来到锡林郭勒草原离边境不远的一个公社，为农牧民举办一场正式的演出。第二天一早，大家照例收拾好行装准备返程。没走一会儿，队长吉日木图让队伍停了下来，并示意大家把乐器和行李都拿下来。他还特意让拉苏荣以及独舞演员穿好演出服准备演出。大家问队长："我们要给谁演出？"队长淡淡地回答："给马倌。"

原来，在路上，队长看到一位马倌骑着马赶回公社。队长和马倌寒暄了几句，得知马倌因为晚上要放马，没有看昨晚的演出，队长便决定让队员们单独给马倌演出一场。

大家一听也来了兴致，此时，周围都是绿如地毯的大草原，景色美极了。但毕竟是夏季，气温还是很高。拉苏荣一边唱，一边不停地用蒙古袍的袖子擦汗。当唱了两三首之后，马倌起身走到了拉苏荣旁边。马倌从怀里掏出一条毛巾，什么也没说，递给拉苏荣，示意他擦擦汗。拉苏荣心里升起一股暖流。他看到，马倌的眼里写满了诚恳。拉苏荣接过毛巾后发现，这个毛巾已经很旧了，而且是马倌自己刚刚用过的，但拉苏荣此时无暇多顾，心里只有一个想法：马倌没有把他当外人，而是把他当自己兄弟一样看待。擦完汗，在还回毛巾时，拉苏荣同样报以诚恳的目光。

多年后，马倌向他递毛巾的场景以及马倌那诚恳的眼神，依然深深地印在拉苏荣的脑海里。拉苏荣感慨地说："这些年我去过20多个国家演出，有哪些总统接见他可以忘记，吃过哪些美味佳肴可以忘记，唯独马倌递毛巾的这个画面忘不了。"

2003年，马头琴成为世界非物质文化遗产。拉苏荣等蒙古族艺术家认识到，蒙古族长调完全具备进入非物质文化遗产"人类口头和非物质遗产代表作"行列的条件，拉苏荣为此积极奔走。2005年，联合国教科文组织正式公布了第三批"人类口头与非物质文化遗产代表作"名单，中蒙两国联合申报的蒙古族长调民歌名列其中。

全身心投入乌兰牧骑的拉苏荣，不仅迎来了事业上的成功，还收获了一生的挚爱。拉苏荣的夫人是周恩来同志最小的侄女周秉建，两人于1979年结婚。

2018年是周恩来同志诞辰120周年，拉苏荣和周秉建一起出版了一张专辑：《献给伯父的歌》。专辑收录了拉苏荣从20世纪60年代的原始录音到2018年新创作的57首歌曲。其中，他演唱的《赞歌》，是一首反映民族大团结的歌，这首歌，也是周恩来同志主持导演的我国第一部大型音乐舞蹈史诗《东方红》中的重要组成部分。为了纪念他们的伯父，拉苏荣将这首《赞歌》收入《献给伯父的歌》专辑中。

（二）不忘初心，为人民歌唱

拉苏荣说："是乌兰牧骑让我真正学会了全心全意为人民服

务。"拉苏荣在心底始终认为,他之所以能够成为歌唱家,不是他个人有多厉害,而是乌兰牧骑成就了他。

拉苏荣的《赞歌》《小黄马》《森吉德玛》《啊!草原》《北疆颂歌》等极具特色的歌曲,高亢悠扬,舒缓婉转。他将蒙古族特有的长调演绎得淋漓尽致,通过歌声使人们如若置身于辽阔苍茫的大草原。他的歌声,是很多人的心灵慰藉。

2007年,内蒙古长调艺术交流研究会成立,拉苏荣被选为会长。拉苏荣一直致力于传播长调艺术,通过多种方式,毫无保留地把这项技艺传给孩子们,意在培养内蒙古长调艺术的新一代接力者,传承和弘扬内蒙古优秀传统文化。

在拉苏荣看来,长调是民族的记忆,是蒙古族人民血液里的艺术基因。而他深感自己有义务将这古老的艺术记录下来,并将它传承下去。他用了10多年时间,采访了昭那斯图、哈扎布和宝音德力格尔三位长调艺术大师的亲属、艺术同行以及学生等, 记录了数盘录音磁带,写下了10余万字的笔记。拉苏荣在繁忙的演出之余,陆续用蒙古文撰写并出版了三位长调大师的传记《人民的歌唱家哈扎布》《宝音德力格尔传》以及《我的老师昭那斯图》。拉苏荣的这些努力无不展现出他强烈的责任心、敬业精神和奉献精神。

在拉苏荣心里,他永远是乌兰牧骑的一名"战士"。拉苏荣不止一次地说:"只要牧民们还想听我唱,只要我的身体还允许,我就义不容辞地给大家唱。"拉苏荣退休以后,一直活跃在文艺界,直至去世。这是因为很多人喜欢他,舍不得他,而他也一直没有忘记乌兰牧骑的初心——全心全意为人民服务。

第三节　乌兰牧骑的代表作品

60多年来，乌兰牧骑涌现出了一大批经典性的代表作品，如《大漠绿海》《腾飞的骏马》《草原英雄小姐妹》等。这些优秀作品，展现出了乌兰牧骑的伟大品格，折射出了乌兰牧骑的夺目光辉。

一、《大漠绿海》

为生动形象地展现农牧民治理沙漠、保护绿洲的伟大实践以及无私奉献的精神品质，乌兰牧骑精心制作了《大漠绿海》这部优秀的草原评剧，鲜活饱满地刻画了农牧民勤朴坚韧、众志成城、筑牢屏障、永保绿洲的防沙治沙精神。

（一）团结协作，创新防沙治沙精神的艺术价值

现代评剧《大漠绿海》是乌兰牧骑众多优秀作品中的精品。这一重大的创作演出任务，体现了乌兰牧骑团结协作的精神。在《大漠绿海》的创作过程中需要充分调动创、编、演人员的积极性，多方协调演出、服装、道具等方面的关系。在大家的群策群力下，乌兰牧骑打造了这样一台主题鲜明、情节感人的精品剧目。

2004年9月，由内蒙古自治区赤峰市敖汉旗乌兰牧骑创编排演的草原评剧《大漠绿海》，参加了第四届中国评剧艺术节，获得了优秀演出奖。同年11月，该剧参加了内蒙古自治区专业艺术表演团体优秀剧目调演，获得了银奖。2006年，《大漠绿海》成为第九届"五个一

工程"入选作品，同时敖汉旗乌兰牧骑被评为全区乌兰牧骑一类队。2007年，《大漠绿海》获中国林业部"文华森林大奖"，并受到内蒙古自治区文化厅的通报表彰。

（二）群策群力，打造与时俱进的艺术精品

敖汉旗地处科尔沁沙地，干旱少雨。20世纪80年代，敖汉旗常常处于风沙大灾害多、人缺粮畜缺草的状况。长期的超载放牧致使这里的环境一步步恶化，最终陷入了沙进人退的局面。经过敖汉旗人民多年的艰苦奋斗，沙漠治理和造林绿化工作成效明显，生态建设持续发展，绿色龙头企业也逐步兴起，财政收入亦明显增加。老百姓在党的领导下，转变传统观念，强化生态思想，一步步把荒芜的沙漠变成了生机勃勃的绿洲，粮食增产，农牧民的生活得到改善。敖汉旗荣获了全国治沙先进单位，"三北"防护林体系一、二、三期工程建设先进单位，全国造林绿化先进单位，全国平原绿化先进单位，国家级生态建设示范区，全国林业生态建设先进县等一系列殊荣。2002年，联合国环境规划署还授予敖汉旗"全球500佳环境奖"。2003年，全国绿化委员会、国家林业局授予敖汉旗"再造秀美山川先进旗"称号。《大漠绿海》就是这样一部讲述防沙治沙故事的剧目，全剧分为三场，演绎了敖汉旗玉龙乡当地政府与人民群众如何一步步扭转沙进人退局面、打造沙漠绿海的治沙过程。

为了完成好《大漠绿海》的创作演出任务，敖汉旗乌兰牧骑始终坚持做到以下几点：一是深入基层，让作品反映生活；二是演出形式大、中、小结合，丰富多彩，观众喜闻乐见；三是走群众路线，演员和群众打成一片，发扬乌兰牧骑的优良传统和扎实作风；四是诚信演出，生活简朴。同时敖汉旗乌兰牧骑也坚持了"四个不分"，即不分生活好坏、不分观众多少、不分场地条件和不分路途远近，乌兰牧骑都尽心尽力、按质按量地为老百姓演出服务。有的队员为了表演好舞蹈节目，锻炼"跪转"，把膝盖跪得发紫，腿部红肿。在送文化下乡的实践中，乌兰牧骑始终坚持全心全意为人民服务的奉献精神，坚持和火热生活保持最密切联系的艺术品格。这种精神和品格，在新时代仍熠熠生辉、闪闪发光。

（三）坚定信念，传递艰苦奋斗治沙精神

《大漠绿海》的一次次公演，向广大观众传递着治沙人情系家园的精神。面对风沙侵蚀家园的严峻形势，勤朴坚韧、众志成城、筑牢屏障、永保绿洲的防沙治沙精神，鼓舞着人们坚决向沙患发起冲锋。治沙人有着不畏艰难、艰苦奋斗的干劲。敖汉旗几代治沙人扎根沙漠，长年累月顶风冒雪、压沙植树，与干旱和风沙艰苦抗争，用辛勤汗水建造起防风固沙的绿色屏障，使敖汉旗变成树草相间的沙漠绿海。治沙人有着敢为人先、唯实创新的闯劲。他们始终牢记让绿洲永续发展的使命，着眼构筑尊崇自然、绿色发展的生态体系，坚持从实际出发，实行造林管护网格化管理，把当初的沙漠变成了一个物种丰富、环境优美、生机盎然的林业观光景区。治沙人有着坚持不懈、久久为功的韧劲。他们始终保持让沙漠变绿洲的坚定信念，接力传承治沙理念，积极承担和精心实施重点交通干线生态恢复、为敖汉大地的生态建设画上了浓墨重彩的一笔。

环境就是民生，青山就是美丽，蓝天也是幸福。绿水青山就是金山银山。《大漠绿海》将生态保护理念以文艺的形式，留在了内蒙古自治区广大农牧民的心田，这让人们认识到，保护环境就是保护生产力，改善环境就是发展生产力。"在生态环境保护上，一定要树立大局观、长远观、整体观，不能因小失大、顾此失彼、寅吃卯粮、急功近利。我们要坚持节约资源和保护环境的基本国策，像保护眼睛一样保护生态环境，像对待生命一样对待生态环境，推动形成绿色发展方式和生活方式，协同推进人民富裕、国家强盛、中国美丽。"①

二、《腾飞的骏马》

1999年，中央电视台春节联欢晚会上，一段奔放急促的民族音乐呈现在全国观众面前。这种蒙古族特有的说唱瞬间带动了现场气氛，观众们随着节奏律动起来，并伴以阵阵热烈掌声。这个节目，就是由内蒙古自治区乌兰牧骑艺术团表演的《腾飞的骏马》。

《腾飞的骏马》这部作品，是乌兰牧骑根据蒙古族传统的草原生活方式以及蒙古族特有的好来宝艺术形式创作出的具有民族风情的剧目作品。《腾飞的骏马》是对蒙古族传统艺术表演形式的传承和发展，体现了乌兰牧骑深入基层，勇于创新的精神品质。

（一）源于草原，挖掘蒙古马精神的丰富内涵

蒙古族好来宝是草原上盛行的一种民间曲艺，相传已有700多年的历史。好来宝早期流行于喀喇沁、科尔沁一带，后来逐渐遍及内蒙古自治区和邻近蒙古族居住地。最开始它是由一个人手拉四胡单独演

---

① 习近平：《在省部级主要领导干部学习贯彻党的十八届五中全会精神专题研讨班上的讲话》，《人民日报》2016年5月10日第2版。

唱，后来演变为合唱等多种形式，针对人物、山河、骏马、草原或故乡进行祝福和赞颂，极力夸张想象，非常细腻传神。《腾飞的骏马》就是一出赞美骏马的好来宝表演，这也是农牧区人民最喜欢欣赏和聆听的剧目之一。

在60多年的演出实践中，乌兰牧骑创作出了许多优秀作品，《腾飞的骏马》便是其中的优秀剧目。1990年，民族曲艺《腾飞的骏马》在全国曲艺比赛中荣获一等奖。《腾飞的骏马》歌颂了飞驰在草原上英姿飒爽的骏马，同时也表达了对"吃苦耐劳、一往无前、不达目的绝不罢休"蒙古马精神的无限崇敬。草原上的蒙古马体形较小，四肢强壮，抗寒冷少疾病，虽然速度和爆发力相对较弱，但蒙古马吃苦耐劳、韧性持久，特别适合长途骑乘。《腾飞的骏马》这部作品热情讴歌了蒙古马精神，也深度彰显了"马背上的民族"昂扬锐气、开拓进取的宝贵品格。

（二）服务草原，打造斗志昂扬的艺术精品

草原是艺术人才的摇篮，农牧民火热的生活是艺术生命的源泉。内蒙古自治区直属乌兰牧骑老队员达日玛来自鄂托克草原，他创作、演唱了《腾飞的骏马》等6个好来宝作品，无一不是农牧区生活的结晶，而这些作品，也使他成长为闻名全国的蒙古族曲艺表演艺术家。从未在专业院校学习过的他，却成长为著名的马头琴演奏家。回想起来，他深有感触地说，如果没有从小在家乡经受浓厚艺术氛围的熏陶，没有40年深入农牧区对生活的体验感悟，就不可能有后来的成就。来自达茂草原、在父老乡亲们歌声中长大的道尔吉仁钦，从小就对表演艺术爱得痴迷。17岁时，道尔吉仁钦就投入乌兰牧骑的怀抱，一干就是30多年。这么多年来，他始终"泡"在草原农牧区，一边为农牧民演出，一边从农牧民的生活中汲取艺术的养分、寻找艺术的灵感。

（三）跃马扬鞭，传递蒙古马精神

蒙古族素有"马背上的民族"之称，内蒙古自治区草原牧区的蒙古人，从学会走路时就学会了骑马。蒙古人的孩子，很多三四岁时就趴在父母的脊背上练习骑马，八九岁时就拥有了自己心爱的小马驹，从此一生与马相依相伴，形影不离。

马是蒙古族的象征，也是蒙古人的骄傲。牧民们跃马扬鞭、奔腾驰骋的时候，精神抖擞、豪情四射、斗志昂扬、一往无前，似乎山川在流动，大地在旋转。因为有了马，蒙古族的勇士们才有了超人的速度和高度，他们骑着马不但能够自由自在地游走于茫茫无际的草原，也可以无拘无束地纵横在广阔无边的天地。因为有了马，勇猛强悍的蒙古族曾经无坚不摧地建立起庞大的蒙古帝国，傲然不惧地独霸称雄于半个世界。

正是这样一种博大深厚的蒙古马文化，人与马之间水乳交融的情感，才使《腾飞的骏马》这样优秀的作品得以更加传神地呈现在祖国的草原和大地上。

三、《草原英雄小姐妹》

《草原英雄小姐妹》生动展现了小英雄龙梅和玉荣崇高美好的精神品质。在作品的创作、排练以及表演过程中，乌兰牧骑以其吃苦耐劳、甘于奉献和勇于创新的精神，给观众呈现出了一部精彩的舞剧，让龙梅和玉荣的形象深深地印在了人们的心中。

1964年3月12日，一篇名为《暴风雪中一昼夜——记英勇保护公社羊群的蒙古族小英雄龙梅和玉荣》的文章在《人民日报》刊登，这篇纪实报道让全国人民认识了龙梅和玉荣两个蒙古族小英雄，她们的故事也开始被人们竞相传颂。3月13日，时任国务院副总理、内蒙古自治区党委书记的乌兰夫同志亲笔题词："龙梅、玉荣小姊妹是牧区人民在毛泽东思想教育下成长起来的革命接班人。我区各族青少年努力学习她们的模范行为和高贵品质！"同年5月19日，《人民日报》刊登了一篇报告文学《最鲜艳的花朵——记草原英雄小姐妹龙梅和玉荣》，此后，"草原英雄小姐妹"这个称号响彻全国。

（一）与时俱进，还原无私奉献的艺术原型

《草原英雄小姐妹》讲述的是这样一个故事。1964年2月9日，生活在内蒙古自治区乌兰察布草原—达尔罕茂明安联合旗—新宝力格公社—那仁格日勒生产大队的蒙古族少女，11岁的龙梅和不满9岁的玉荣，在放羊的途中遭遇暴风雪，羊群被暴风雪冲散，为了保护公社的羊群，她们顽强的毅力，完成了超出常人想象的艰巨任务，在暴风雪中坚守羊群将近20个小时，牺牲自我保护了集体利益。最终集体所有的384只羊仅冻死了3只，其余的安然无恙，而龙梅失去了左脚拇趾，玉荣右腿膝关节以下和左腿踝关节以下做了截肢手术。2008年，姐妹俩光荣地成为北京奥运会火炬手。2009年9月14日，龙梅和玉荣被评为"100位新中国成立以来感动中国人物"。

龙梅和玉荣在那个年龄、在那种情境之下做出的选择，绝不是一种深思熟虑、权衡利弊后的行为，而是一种下意识的、近乎本能的抉择，是一种责任与担当的体现。正如两姐妹所说的，在任何情况下绝不能舍弃集体的任何东西。她们的行为感动着后人，这是骨子里的天性，也是我们中华民族血液里流淌着的炙热情怀。作为内蒙古自治区的"十大文化符号"之一，"草原英雄小姐妹"在社会主义核心价值观的引领方面发挥着重要的作用。龙梅和玉荣两姐妹冒着生命危险保护集体财产的英雄故事，感动和激励着一代又一代为社会主义建设而努力奋斗的人们。她们身上体现的，是一个民族、一个时代人们的精神风貌，是民族精神与时代精神相结合的产物。

（二）推陈出新，打造民族舞剧的经典佳作

2017年9月，内蒙古艺术学院乌兰牧骑舞蹈团首次以舞剧的艺术形式，把这个值得歌颂的草原故事搬上舞台，再现了小姐妹抗击暴风雪、舍身救护集体羊群的壮举，并以当代视角和多重空间的表现手法，创造性地演绎了当代小学生与20世纪60年代草原英雄小姐妹的心灵碰撞。为了排好《草原英雄小姐妹》，内蒙古艺术学院成立了专门的舞蹈团，多次深入龙梅和玉荣两姐妹的家乡和原居住地采风，并对姐妹俩当年的伙伴进行采访。故事主人公的原型、已年逾花甲的龙梅和玉荣，曾亲临现场观看表演。

《草原英雄小姐妹》的创作在艰难中开局，内蒙古舞蹈家协会主席赵林平扛起了写剧本的重任，剧本反反复复推翻重启了16稿。学校搞创作是艰难的，最大的问题是没有专项经费。此外，与专业剧院不同，舞剧中所有的演职人员都是学校的老师和学生，而非专业演员。他们没有充足的排练时间，老师和学生都要上课，只能利用课余时间，甚至连休息和吃饭的时间也被挤压出来排练。有的同学在舞剧中扮演羊，整场都要弓着腰，但他们依旧坚持着，从大一入学演到大四毕业，无怨无悔。同学们饱含对舞蹈事业的那份热爱，将乌兰牧骑精神贯穿整部舞剧。后来，该剧得到了内蒙古自治区政府的大力支持，并特批了专项经费。《草原英雄小姐妹》大型舞剧终于有了启动资金。紧接着，这部舞剧还顺利拿到了当年国家艺术基金大型舞台剧资助项目。经过长时间的创排，2018年9月19日，民族舞剧《草原英雄小姐妹》在内蒙古民族艺术剧院首演，并大获成功。对于舞剧来说，最重要的节点来了，第十一届中国舞蹈最高奖"荷花奖"比赛临近。但舞蹈团却没有去上海参加比赛的经费，这时国家艺术基金再次伸出了援助之手，最终《草原英雄小姐妹》获得了2018年国家艺术基金滚动资助项目的经费，并斩获第十一届中国舞蹈"荷花奖"舞剧奖。2019年6月2日，民族舞剧《草原英雄小姐妹》荣获第十六届中国文化艺术政府最高奖"文华大奖"，实现了内蒙古自治区在这个国家级奖项上零的突破。

（三）大胆创新，彰显草原民族的英雄情怀

大型原创民族舞剧《草原英雄小姐妹》是乌兰牧骑的代表作品，它融合了蒙古族特有的舞蹈和音乐艺术形式，讲述了典型的中国故事，表现了新中国少先队员热爱集体、不怕困难的坚强品质，讴歌了爱国主义、集体主义精神，彰显了草原民族的英雄主义情怀，弘扬了社会主义核心价值观。在创作中，这台舞剧不仅再现了"草原英雄小姐妹"当年的英勇行为，还站在时代的高度，演绎英雄精神在当下社会如何重新发挥时代作用，教育青少年如何传承这种民族精神和责任担当①。

《草原英雄小姐妹》以独特的视角呈现了草原文化和民族精神。舞剧中的音乐，融合了蒙古族传统音乐和现代音乐元素，既恰当地表达了草原的自然美和文化特色，又能引发观众的共鸣和情感反应。舞剧中的舞蹈，以蒙古族传统民族舞蹈为基础，加入了现代舞的元素，既能展现传统文化的美，又不失时代气息。舞剧中的服装、道具、灯光等各个方面，也都凸显了蒙古族文化的独特魅力。服装的设计既让人感受到草原牧民的简朴，又展现了蒙古族独有的特色。火把、草编工艺、羊皮鼓等道具，成为产生强烈视觉效果的重要元素。冷静的暗光与热烈的强光交织在一起，为舞剧的情感表达起到重要的推动作用。这部极具感染力的民族舞剧，以独特的方式展现了草原文化的美丽、民族精神的魅力。

① 高桂峪：《民族舞剧〈草原英雄小姐妹〉创作谈》，《戏剧文学》2020 年第 442 期。

第三章
乌兰牧骑精神的丰富内涵和显著特征

60多年来，一代代乌兰牧骑队员迎风雪、冒寒暑，长期在戈壁、草原上辗转跋涉，为广大农牧民送去欢乐和文明，传递党的声音和关怀。在长期服务广大农牧民过程中形成的乌兰牧骑精神，充分折射出忠诚于党、热爱人民、吃苦耐劳、甘于奉献、团结拼搏、勇于创新的宝贵品质。这是乌兰牧骑人用汗水和心血浇灌出来的精神财富。

乌兰牧骑精神有着鲜明而独特的显著特征。全心全意为人民服务体现了乌兰牧骑精神的本色，社会主义特性和党性彰显了乌兰牧骑精神的红色，地域性和民族性凸显了乌兰牧骑精神的特色，文艺性与政治性展现了乌兰牧骑精神的原色。

第一节　乌兰牧骑精神的丰富内涵

在长期的历史发展进程中，乌兰牧骑精神形成了丰富的内涵。忠诚于党、热爱人民、吃苦耐劳、甘于奉献、团结拼搏、勇于创新的乌兰牧骑精神，鼓舞着无数乌兰牧骑人，也感染着无数人民群众。

一、忠诚于党

乌兰牧骑是在中国共产党领导下形成的红色文化工作队。忠诚于党是乌兰牧骑的光荣传统与优良作风，也是乌兰牧骑精神的题中之义。

（一）始终坚持党性

无产阶级政党的党性和人民性是高度统一的。乌兰牧骑是在党的领导下成立起来的，是一支全心全意为人民服务的文化工作队伍，具有坚定的无产阶级政党党性。列宁在《再论党性与非党性》中指出："我们维护党性是有原则的，是为了广大群众的利益，是为了使他们摆脱资产阶级的各种影响，是为了最最明确地进行阶级组合——正因为如此，我们必须竭尽全力并密切注意使党性不仅仅停留在口头上，而且要见诸行动。"[1]乌兰牧骑是无产阶级事业当中的重要元素，是

---

[1] 《列宁全集》（第十九卷），人民出版社1989年版，第109页。

党的文化文艺事业的重要组成部分。在长期的演出和实践活动中，乌兰牧骑始终离不开党和人民。乌兰牧骑以文艺的形式宣传党的路线方针政策，以为人民服务的理念满足广大农牧民的精神文化需求。他们与农牧民同甘共苦，始终与农牧民保持密切联系，因而天然地成为党和农牧民沟通联系的桥梁。不论是在刚成立的20世纪中期，还是在大放光彩的新时代，乌兰牧骑始终服从党的领导、听从党的指挥，坚决维护广大人民群众的利益，这是乌兰牧骑事业的根本遵循，也是乌兰牧骑精神的重要体现。

（二）接受党的领导和群众监督

无产阶级的文化文艺事业应该自觉为无产阶级服务并接受无产阶级政党的领导和监督，要向党报告工作情况。乌兰牧骑在形成发展过程中，始终沐浴着党的光辉。无论在顺利发展的时期还是遭遇难题的时刻，党的温暖始终陪伴在乌兰牧骑左右。党的路线方针政策给了乌兰牧骑重要指导，从而确保了乌兰牧骑一直处于良好的发展态势。乌兰牧骑队员高度重视学习党中央关于文化文艺工作的理论著作。他们学习毛泽东同志的《在延安文艺座谈会上的讲话》《为人民服务》等文章，学习领会习近平总书记给内蒙古自治区苏尼特右旗乌兰牧骑队员们的回信，学习贯彻党中央关于文化文艺工作的重要讲话和重要指示精神等。队员们的思想觉悟得到提高、综合素养得到提升、组织纪律性得到加强，这也是他们始终能为广大人民群众提供高质量、高品质文艺作品的重要保证。

乌兰牧骑在接受党的领导的同时，也自觉接受群众监督。全心全意为人民服务，是乌兰牧骑精神的价值指向，也是中国共产党的根本宗旨。毛泽东同志指出，文艺工作者如果不熟悉服务的对象，不熟悉人民的语言，就有可能出现"作品不但显得言语无味，而且里面常常夹着一些生造出来的和人民的语言相对立的不三不四的词句"①等问题。乌兰牧骑在摸着石头过河的发展过程中，也曾出现这样的问题：因不熟悉和不了解农牧民的文化需要，导致部分文艺作品和表演脱离了群众。如曾经有一支乌兰牧骑，部分女队员在表演时，穿短裙子、着长腰袜跳外国舞蹈，农牧民看了之后，觉得不喜欢这种表演，就提出了意见。表演上述舞蹈的女队员听了农牧民的意见后，及时进行了反思和改正。还有的乌兰牧骑因为人数多、开支大，反而无法深入农牧区，长期下去，吃住都很不方便，农牧民就表示节目虽好，但人太多也不是好事。针对农牧民的意见，乌兰牧骑积极听取并作出相应整改，及时精简队伍，恢复其灵活性。由此可以看出，乌兰牧骑主动接受群众监督，并善于听取群众意见，不断自我审视自我革命，对于始终保持乌兰牧骑的先进性、纯洁性是极其重要的。

（三）宣传党的路线方针政策

乌兰牧骑是党的红色文化工作队，肩负着宣传党的路线方针政策的重要使命。党的宣传工作，是做好一切工作的基本条件之一。因此，必须加强党在全国、在各少数民族地区的思想政治工作、民族政策的宣传教育工作。为了更深入地把握农牧区广大人民群众的状况，更好地满足人民群众需要，有的放矢地推进党的宣传工作，乌兰牧骑走进了大众的视野。乌兰牧骑诞生后，自觉担负起为农牧区群众传送党的路线方针政策以及活跃农牧民文化生活的重任。因此，乌兰牧骑

---

① 《毛泽东选集》（第三卷），人民出版社 2008 年版，第 851 页。

在文艺创作以及艺术表演过程中，在与农牧民的生产劳动过程中，通过各种文化艺术活动，向广大农牧民宣传党的思想，宣传国内外时事，宣传内蒙古自治区以及农牧民所在地的发展成就，对广大农牧民进行思想文化教育、民族团结教育，不断提高农牧民的思想觉悟，培养农牧民的爱国主义、集体主义和国际主义精神。乌兰牧骑的实践活动起到了动员农牧民参与国家政治生活的作用，对于推动党和国家各项工作的开展有着重要意义。当前，乌兰牧骑继续担任着传送员的角色，充分了解群众需求，及时把党的各项政策、国内外的局势以及国家的建设成就，糅合到艺术作品当中，通过表演的形式，把核心的精神理念以通俗易懂的形式传递给农牧民。

20世纪50年代末，第一代乌兰牧骑队员用留声机为农牧民播放革命歌曲

来源：中共苏尼特右旗委宣传部

（四）弘扬社会主义先进文化

社会主义先进文化，积淀着中华民族深层的精神追求，代表着中华民族独特的精神标识。弘扬社会主义先进文化，是我们党提升大国文化自信、推进国家治理体系和治理能力现代化的重要路径之一。随着时代的发展和文化的繁荣，社会主义先进文化也在不断丰富和完善。乌兰牧骑成立初期，乌兰牧骑在宣传社会主义文化、民族团结政策、阶级教育等方面起着重要作用，使党的民族政策深入蒙汉人民心中，促进蒙汉人民化解矛盾、团结奋斗，共创美好未来。这一时期的乌兰牧骑，唱的是工农兵，演的是工农兵，歌颂的是工农兵，批判的是资产阶级和封建主义思想。许多文艺作品紧密结合现实情况，抓住新人、新事和新风尚，推动移风易俗，在构建新的社会风气、新的社会面貌上发挥着重要作用。改革开放后，乌兰牧骑紧跟时代步伐，宣传党的新的文化政策和改革开放思想，使农牧民在解放思想的基础上，实事求是地看待新事物，树立唯物辩证法的观点，推动社会主义精神文明建设。进入新时代，弘扬社会主义先进文化被提升到更高位置。没有文化的繁荣兴盛，就没有民族的伟大复兴。发展社会主义先进文化，广泛凝聚人民精神力量，是实现中华民族伟大复兴的重要条件。乌兰牧骑积极发挥自身优势，以更为灵活的形式、更加丰富的节目，为坚定文化自信、建设中华民族现代文明、巩固全体人民团结奋斗的共同思想基础作出了重要贡献。

二、热爱人民

乌兰牧骑是全心全意为人民服务的社会主义文艺轻骑兵。热爱人民，是乌兰牧骑精神的内在要求。

（一）扎根基层，与农牧民打成一片

为更好服务最广大农牧民，乌兰牧骑常年扎根基层。扎根基层，深入农牧区，有利于准确把握农牧民的真实需求。农牧民的文化生活发展到什么程度了？离他们理想中的状态还有多大差距？当前农牧民的文化生活存在的短板在哪里？这些都需要乌兰牧骑队员们去调查研究，获取第一手资料。

扎根基层，是从群众中来、到群众中去的有效路径。乌兰牧骑是从群众当中来的。唯物主义历史观认为，历史是由人民群众创造的。广大的人民群众中间，蕴藏着伟大的智慧。正如马克思、恩格斯所言："正是人，现实的、活生生的人在创造这一切。"[①]农牧民丰富的社会实践，是乌兰牧骑创作和表演的灵感源泉。只有扎根基层，和农牧民打成一片，才能有效收集丰富的文艺素材。乌兰牧骑还要回到群众当中去。文艺是为千千万万劳动人民服务的，乌兰牧骑作为马克思主义文艺观中国化、时代化、大众化的产物，为广大人民群众服务是乌兰牧骑的责任和使命，这也是乌兰牧骑精神的主旨所在。

乌兰牧骑为农牧区人民进行文艺表演的同时，还经常和农牧民一同参加生产实践。乌兰牧骑队员们和农牧民一起剪羊毛、割饲料，帮助农牧民挑水、拾柴、打扫羊圈，参加各种与自然灾害的斗争等，体

---

① 《马克思恩格斯文集》（第一卷），人民出版社 2009 年版，第 295 页。

现了乌兰牧骑热爱人民的精神。毛泽东同志指出："一切党员，一切革命家，一切文艺工作者，都应该学鲁迅的榜样，做无产阶级和人民大众的'牛'，鞠躬尽瘁，死而后已。"①乌兰牧骑以实际行动充分证明，它是为农牧民服务的"牛"，尽最大的力量，为农牧民办更多的实事。

20 世纪 60 年代，乌兰牧骑队员演出之余参加牧业生产

来源：中共苏尼特右旗委宣传部

（二）帮助农牧民解决困难

乌兰牧骑除了为农牧民进行文艺表演之外，还主动帮助农牧民解决实际困难。列宁强调："要采取一系列的措施，竭力改善工人的生活状况，减轻他们的困苦。"②改善工农群众的生活，是中国共产党这一无产阶级政党高度重视的事。乌兰牧骑作为党领导下的一支文化工作队，在丰富农牧民文化生活的同时，还帮助他们解决实际困难，以

---

① 《毛泽东选集》（第三卷），人民出版社 2008 年版，第 877 页。

② 《列宁全集》（第四十一卷），人民出版社 1986 年版，第 76 页。

改善农牧民的生活状况。在长期的流动演出过程中，乌兰牧骑发现了农牧民生活中存在的一些现实难题，也给予了一切力所能及的帮助。如对于农牧民理发难的问题，乌兰牧骑下乡时就会带上推子为农牧民免费理发；看到群众买书不方便，就为农牧民去书店代买图书。此外，乌兰牧骑还会帮助群众写信、投信，帮助群众买药，有时候还把自己保健箱里的药送给有需要的农牧民。甚至，在特殊时刻，掌握医疗卫生知识的乌兰牧骑队员还曾给产妇接过生，给病号输过血。乌兰牧骑以实际行动受到了群众的肯定和爱戴。随着时代的发展和农牧区人民生活的变迁，农牧民面对的困难较从前有所减少，但只要还有困难，乌兰牧骑都会尽力帮助解决，这种为农牧民服务的精神以及帮助农牧民解决难题的行动，不会因时代的变化而变化。乌兰牧骑不仅仅是文化队、宣传队，还是劳动队和服务队。乌兰牧骑队员们不仅是演员和宣传员，还是农牧民的服务员，是帮助农牧区人民解决生活难题的能手。

20世纪70年代，乌兰牧骑队员为牧民的孩子提供器乐辅导和理发服务

来源：中共苏尼特右旗委宣传部

（三）宣传科学文化和卫生知识

乌兰牧骑在普及科学文化和卫生知识等方面也起着重要作用。乌兰牧骑成立前，农牧区人民的文化生活相对贫乏，一些文化活动甚至还保留着浓厚的封建色彩，如少数农牧民拜神问鬼以求治病安康，这就导致部分农牧民受到了迷信落后思想的毒害，甚至耽误了正常的医治时间。究其原因，一是封建思想残余未能得到彻底清除，二是社会主义先进的科学文化及卫生知识未能得到完全普及。清除部分农牧民的封建落后思想，宣传社会主义先进思想，使全体农牧民保持健康向上的精神风貌，成了乌兰牧骑的重要任务。在普及科学文化和卫生知识方面，乌兰牧骑付出了许多努力。如通过表演小戏《三丑会》、相声《假灶王》、笑课《迷信的害处》，放映幻灯片《天狗吃不了月亮》等方式，破除农牧民的思想桎梏，提升农牧民的思想认知水平。又如，组织放映妇幼保健的幻灯片，讲解医疗卫生知识。在乌兰牧骑的努力宣传和积极带动下，农牧区人民逐渐接受了社会主义先进思想文化，卫生意识也在不断增强。在党的领导下，内蒙古自治区农牧民的生活水平得到很大提高。新的农牧区、新的面貌、新的精神力量和文化风尚得以形成和发展。这些向上向好的变化，离不开乌兰牧骑这支始终活跃于农牧区的文化宣传队，离不开乌兰牧骑热爱人民的精神。

（四）辅导群众业余文化活动

乌兰牧骑以演出为主，但又承担着辅导群众业余文化活动的工作。要活跃和丰富农牧区人民的文化生活，关键在于动员农牧民自觉主动地参与各种业余文化活动。为了辅导群众的业余文化活动，乌兰牧骑举办了各种小型的训练班，乌兰牧骑队员志愿教学，农牧民群众免费学

习。这些训练班培养和训练业余文艺活动的积极分子，由乌兰牧骑优
秀队员进行指导和教学工作，以提高业余文化骨干或民间艺人的文化
水平，帮助农牧民学歌、学舞、学"好来宝"等。乌兰牧骑还为农牧
民提供文艺活动的工具和材料，根据群众的需要，随时随地进行交流
沟通。各地乌兰牧骑不但教群众唱歌、跳舞、演戏，还组织群众业余
文化骨干学习党的创新理论，提供相关报纸刊物、红色书籍和电影幻
灯片等。乌兰牧骑所进行的业余文化辅导工作取得了良好成绩，如在
一些农牧区成立了文艺小组，建立了俱乐部，培养了许多优秀的业余
文艺骨干等。在乌兰牧骑和广大农牧民的共同努力下，农牧区的文化
生活越来越丰富，民族的文化和民族的特色得以更好地保存下来，独
特的草原文化继续在茫茫大地上发展，浓郁的民族风情继续在辽阔草
原上回荡。

20世纪80年代，老队员巴图朝鲁向队员们传授木偶表演技能

来源：中共苏尼特右旗委宣传部

三、吃苦耐劳

吃苦耐劳是乌兰牧骑精神的重要内容。内蒙古自治区地域辽阔，农牧区点分散，交通相对不便。在乌兰牧骑精神的鼓舞下，乌兰牧骑队员不惧寒冬酷暑、雨雪风沙，常年奔波在各个农牧区进行演出，充分体现了乌兰牧骑队员不怕苦不怕累的精神品质。

（一）不惧艰难困苦

乌兰牧骑是活跃在草原上的一支红色文艺轻骑兵，自乌兰牧骑成立以来，乌兰牧骑队员就常年累月地跋涉在辽阔的草原和一望无际的戈壁沙漠里。乌兰牧骑有着强烈的志愿服务精神，并勇于克服各种困难，为最需要服务的农牧民送上各种精彩的表演。有时，在风沙漫天、汽灯被吹灭的情况下，乌兰牧骑队员便用被子和衣服里的棉花蘸上油当灯点。有时，乌兰牧骑队员需要穿过燥热的沙漠才能到达偏僻的牧区点，他们热得汗流浃背，累得精疲力竭，牧民们心疼他们，想让他们多休息一会儿，可他们却简单地喝口奶茶，擦擦汗水，便开始布置场地、进行演出。有时，乌兰牧骑队员需要涉水过河才能到达牧区点，甚至还需要在沙滩上风餐露宿，但他们都不畏艰辛地克服了种种困难。尽管随着时代的发展，乌兰牧骑的装备和内蒙古自治区的交通条件都有了很大改善，但乌兰牧骑人不惧艰难困苦的优秀品质，仍然是值得继承和发扬的宝贵精神。乌兰牧骑人从没忘记自己的使命，不管是寒冬还是酷暑，不管是雨雪还是风沙，他们始终一往无前，寻找他们可爱的观众。

20世纪70年代，乌兰牧骑队员推车向前，为农牧民送歌献舞

来源：中共苏尼特右旗委宣传部

（二）人员一专多能

乌兰牧骑要深入农牧区，就必须轻装上阵、人员精简，以确保流动的顺畅性。但人民群众对文艺的需求是多方面的，乌兰牧骑面临的问题也是多样化的，这就对乌兰牧骑队员的一专多能提出了客观要求。为适应这一情况，乌兰牧骑队员必须完成各种任务，学会各种技能。作为乌兰牧骑队员，在具备吃苦耐劳优秀品质的同时，还要练就一专多能的本领。会跳舞、能唱歌、能说会演、能写能编、能绘能画、能拉马头琴、能弹三弦、会放幻灯片、会讲图片……这些技能，在演出和出行活动中发挥着巨大作用。有些队员在一次活动中，能够先后完成各种任务，如在一次表演活动中，一个人可以参加十几个节目的演出。此外，乌兰牧骑队员还要自己整理和拆洗演出服装、制作各种道具、修理各种设备等。乌兰牧骑是一个流动的舞台，人员少，如果每个乌兰牧骑队员只会一种才艺，就容易限制表演的形式，使文

艺表演单一而不具有多样性。因此，乌兰牧骑队员必须勤学苦练，掌握多种才艺和技术，才可以从容地满足农牧民对丰富文艺表演的要求，才可以更好地满足农牧民对日常文化生活的需求。同时，这对于乌兰牧骑队员来说，也是一个自我提升、不断成长的宝贵机会。

（三）参加生产劳动

乌兰牧骑不仅进行文艺表演，还参加生产劳动，并在生产劳动中和广大农牧民结下了深厚的情谊，也在生产劳动中汲取了文艺创作的丰富养料。毛泽东同志指出，文艺工作者"必须长期地无条件地全心全意地到工农兵群众中去，到火热的斗争中去，到唯一的最广大最丰富的源泉中去，观察、体验、研究、分析一切人，一切阶级，一切群众，一切生动的生活形式和斗争形式，一切文学和艺术的原始材料，然后才有可能进入创作过程"[①]。乌兰牧骑真正领会了毛泽东同志的这一教导，也真正以实际行动践行着这一教导。乌兰牧骑走到哪里，就在哪里劳动。他们根据农牧民的实际需要，与农牧民一起割草、剪羊毛、放牧，还和群众一起打井，帮助群众挑水、喂马、扫羊圈。通过劳动，他们学到了生产技术和劳动技能，与劳动人民建立了深厚的感情。正因为乌兰牧骑真正参与到了农牧民的劳动实践中，才找到了源源不断的创作素材，才使他们的演出节目能及时地反映当地的新人新事、好人好事。

---

① 《毛泽东选集》（第三卷），人民出版社1991年版，第861页。

（四）常年巡回演出

乌兰牧骑常年在各个农牧区进行巡回演出，是真正的流动的红色文艺轻骑兵。由于各农牧区之间相隔较远，乌兰牧骑不能长期停留在某一个农牧区。为了使各农牧区都能观看到文艺表演，较为均衡地享受到党的文化服务，乌兰牧骑需要不断地在各个农牧区之间进行巡回演出。乌兰牧骑的巡回演出是一项十分辛苦的工作，队员们除了演出以及参加农牧民的劳动外，还需花费很多时间奔赴在去往各个农牧区的路上。乌兰牧骑的足迹踏遍了广大农牧区，他们为提升农牧区广大人民群众的文化生活质量付出了艰辛的努力，作出了巨大的贡献。如昭乌达盟翁牛特旗乌兰牧骑成立的前七年，就为农牧民演出800多场，说蒙古语书100多场，放映幻灯片400多场。锡林郭勒盟正蓝旗乌兰牧骑，在刚成立后的十几年就走遍了全旗11000多平方公里的草原，为农牧民演出600多场。随着乌兰牧骑的发展，他们逐渐在全国进行巡回演出，为各省、各族人民带去丰富的文艺表演，受到全国人民的欢迎。乌兰牧骑的活动舞台逐步扩大，并开始走出国门，在国外进行演出，为世界多国观众带去了具有浓郁草原风情，具有中国特色、中国风格、中国气派的文艺表演。自乌兰牧骑成立以来，巡回演出已成为常态，并成为乌兰牧骑队员们生活和工作的重要组成部分。

四、甘于奉献

甘于奉献是乌兰牧骑精神内蕴的重要品格。乌兰牧骑长期深入农牧区，处于为人民服务的第一线。乌兰牧骑队员们为了人民群众的利益，舍小家为大家，为农牧民的美好生活、为祖国边疆的安定繁荣作出重要贡献。

（一）始终坚持全心全意为人民服务

乌兰牧骑是一支为农牧民而生的文化工作队。60多年来，乌兰牧骑秉持为人民服务的理念，以甘于奉献的精神，把爱和关怀传送到各个农牧区。乌兰牧骑成立之初，面对恶劣的自然环境、简陋的演出条件，队员们没有任何的退缩和怨言，他们常年奔波在各个农牧区进行演出，并尽可能地帮助农牧民解决生活困难。原鄂托克旗乌兰牧骑队长热喜曾回忆道："队员下乡途中，顺路就捡柴，到了目的地便把一捆捆柴送给群众。一到了群众家，便帮助群众打扫羊圈，给老乡挑水、喂马。群众劳动时，我们也跟上一块儿干。"[1]苏尼特右旗乌兰牧骑为了帮助阿其图乌拉苏木干旱沙村解决水资源紧缺问题，全体队员奋战五天挖出了一口井，阿其图乌拉苏木干旱沙村的牧民们非常感

1964年，乌兰牧骑队员们为阿其图乌拉苏木呼布尔嘎查的牧民群众打了一口深水井

来源：中共苏尼特右旗委宣传部

---

[1]　《乌兰牧骑：红色文化工作队》，中国戏剧出版社1965年版，第24页。

激乌兰牧骑,并把这口井命名为"乌兰牧骑井"。正是乌兰牧骑无私奉献的精神以及全心全意为人民服务的实践,赢得了农牧民的真心欢迎和喜爱,并被农牧民亲切地称呼为"我们的孩子"。60多年的风风雨雨,乌兰牧骑始终用心、用情、用爱去服务农牧民,这不仅是一种使命担当,也是乌兰牧骑无私奉献精神的生动体现。

（二）具有舍小家为大家的无私情怀

家是最小国,国是千万家,有家才有国,有国才有家。对于乌兰牧骑而言,内蒙古这片美丽的大草原,就是他们的家。60多年的坚守,无论寒风雨雪还是风沙漫卷,乌兰牧骑都始终用爱去守护草原上的家。他们勇于自我牺牲,却把欢声和笑语永驻在这片富有生机的热土上。乌兰牧骑舍小家为大家的精神,让人感到暖心又心疼。舞蹈演员宋正玉,为创编《顶碗舞》,硬是把头皮磨出了血,在头顶上形成了一个"碗托";女演员旭日琪琪格,为了不耽误全队下乡演出,耽误了给儿子治病的时间,致使两岁的孩子不幸夭折。[1]无数像宋正玉、旭日琪琪格这样的乌兰牧骑队员,他们心怀"大家",舍弃"小家"的精神值得尊敬与钦佩,他们几乎把所有的心血都倾注在乌兰牧骑事业上和为农牧民服务上。正是他们的无私奉献精神,才让乌兰牧骑这朵文艺之花常盛常开,让农牧区人民始终感受到文艺的精彩美好与党的温暖关怀。

（三）甘当维护祖国边疆安全的文艺先锋

乌兰牧骑一直是推动改革开放和现代化建设、维护民族团结和边疆稳定的文艺先锋。乌兰牧骑的诞生地——内蒙古自治区,位于中国

---

[1] 犁夫:《讲述乌兰牧骑成长的青春史诗》,《内蒙古日报(汉)》2020年2月27日第10版。

北部边疆，与俄罗斯、蒙古国接壤，地域辽阔、民族众多、居住分散。因此，更需要在边疆地区宣传社会主义先进文化，传递党的声音和关怀，增强民族之间的紧密团结，筑牢农牧民的意识形态防线。乌兰牧骑作为一支红色文化工作队，自诞生起就自觉承担起这一重要使命。多年来，乌兰牧骑的身影始终活跃在偏远的牧区、戈壁、沙漠以及边关哨所。他们用作品去抒情，用作品去传情，始终做民族团结的守护者、边疆文化安全的捍卫者。如《草原儿女爱延安》《牧民歌唱共产党》《蝶恋花》等作品，就生动传递了党对内蒙古自治区各族人民的深情关怀。乌兰牧骑的真心奉献与刻苦努力，促进了内蒙古自治区各民族对中华文化的认同，维护了祖国北部边疆的文化安全，对于铸牢中华民族共同体意识有着重要作用。2016年，在苏尼特右旗乌兰牧骑举办庆祝中国共产党成立95周年的群众文艺会演上，各族观众齐声高唱《赞歌》的壮观场面，是草原人民中华民族共同体认同感的重要见证。这难忘的一幕，是乌兰牧骑用多年的脚步、多年的汗水、多年的心血描绘出来的美丽画面。

（四）大力助推农牧区的生产和发展

农牧民的家园也是乌兰牧骑的家园。为改善农牧民生活，促进农牧区发展，乌兰牧骑不仅在文艺发展上倾注全力，还在农牧区的生产发展上尽心尽力。农牧民的生活是忙碌且艰辛的，乌兰牧骑在承担演出任务的同时，时刻牢记服务人民的使命，尽最大努力、尽一切可能，助力农牧民的生产和生活，帮农牧民解决实际困难，减轻他们的劳动负担。多年来，剪羊毛、挤奶、打扫羊圈等，是乌兰牧骑熟悉且经常做的工作。尽管路途奔波、演出劳累，但仍然浇不灭乌兰牧骑队员们加入农牧民生产劳动的热情。在火热的劳动实践中，乌兰牧骑队员们与农牧民打成一片，收获了农牧民的深厚情谊。农牧民在生活遇到困难时，乌兰牧骑总是冲在前头，真正用行动诠释了乌兰牧骑为人民服务的精神品质。乌兰牧骑是农牧区人民生活的好帮手，也是解决困难的多面手。60多年来，农牧区人民见证了乌兰牧骑的成长过程，乌兰牧骑也用文艺作品谱写了农牧区生活的巨大变迁。在辽阔美丽的大草原上，在一个个充满生活气息的蒙古包里，在农牧民平静而又忙碌的生产生活中，都留下了乌兰牧骑深刻的印记。如今，农牧区人民的生活条件得到极大改善，乌兰牧骑的舞台也越来越宽广。无论时代如何发展、农牧区如何变化，乌兰牧骑始终热爱人民、奉献草原，为农牧区事业的发展作出了重要贡献。

五、团结拼搏

在长期的实践和发展过程中，乌兰牧骑队员之间紧密团结，拼搏进取。在艺术表演方面，他们互相学习、共同提高，在劳动和生活过程中，他们互帮互助、共同努力。团结拼搏是乌兰牧骑精神的重要体现。

（一）团结协作、并肩作战

乌兰牧骑长期活跃在广阔的草原上，队员们需要团结合作，才能克服诸多困难。以20世纪五六十年代位于内蒙古东部沙丘地带的翁牛特旗为例，当时的交通条件十分不便，穿过沙漠的时候，需要队员们齐心协力推着大车向前走，顶着风沙往前冲。有时候遇上风雪，队员们还需要手挽手、肩并肩地迎着狂风前进。正是在这种团结拼搏精神的鼓舞下，翁牛特旗乌兰牧骑队员们才走遍了全旗的草原、沙漠以及各个农牧区，不停歇地为农牧民进行文艺演出。此外，乌兰牧骑的大部分队员是由蒙汉等多民族青年组成的，他们服务的对象也是以蒙汉劳动人民为主的各民族人民，因此学会蒙、汉等族的语言尤为重要。在学习过程中，队员们互教互学、共同提高。经过队员之间的互相帮助，大部分蒙古族队员学会了汉语和汉语歌曲，汉族队员们也学会了蒙语和蒙语歌曲，其他民族队员也大多学会了蒙、汉等族的语言和歌曲。乌兰牧骑队员们紧密团结在一起，共同克服了许多不利的自然条件，彼此传授着不同的民族语言，在表演艺术方面互相提高，在日常生活中互相帮助。正是乌兰牧骑队员之间的精诚团结，才使乌兰牧骑这支队伍不断发展壮大，从而为农牧区群众带去更多具有民族风格、展现团结精神的文艺表演。

（二）交流互鉴、共同进步

各地乌兰牧骑为了不断提升自己、促进共同进步，在文化交流方面做出了巨大努力。由于各地乌兰牧骑建队时间的长短不同、工作经验的积累不同、领导的工作方式不同等因素，队与队之间的发展具有一定的差距。为克服发展不平衡的问题，各地乌兰牧骑加强交流和学习，互相找差距、找问题，先进队帮助后进队，后进队赶学先进队。在这样比学赶超的良好氛围里，各地乌兰牧骑的表演水平和服务能力都得到了不同程度的提升，各地乌兰牧骑之间的交流互鉴也越加频繁，越发常态化。如乌兰牧骑交流演出月就是为各个乌兰牧骑进行交流而搭建的一个平台，通过交流演出，队与队之间相互学习，共同进步，这对于促进乌兰牧骑的总体建设和整体发展非常有益。各地乌兰牧骑的精诚团结和通力合作，对于促进乌兰牧骑走向更广阔的艺术舞台、展现更高超的艺术水准具有重要的推动作用。

（三）多地发展、遍地开花

各地乌兰牧骑的共同努力，促进了乌兰牧骑不断发展并走向全国。乌兰牧骑的节目贴近时代、贴近生活、贴近群众，因而在内蒙古自治区甚至在全国都产生了重大影响。毛泽东同志、周恩来同志、乌兰夫同志等多次观看乌兰牧骑演出。

1965年，在周恩来同志的倡导下，乌兰牧骑第一次走向全国。1965年底至1966年初，根据周恩来同志的指示，内蒙古自治区组织了3支乌兰牧骑代表队，在当时的27个省、市和自治区进行巡回演出。由于乌兰牧骑具有装备简单、流动性强等特点，因而成为许多地方服务基层的学习榜样。因此，多地相继成立了"乌兰牧骑"式演出队。到1988年，全国五大自治区就有236支"乌兰牧骑"式演出队。

乌兰牧骑在全国各地进行巡回演出，促进了各族人民之间的文化交流，也推动了"乌兰牧骑"式演出队在全国各地的发展。乌兰牧骑从最初的为农牧区人民服务到为全国各族人民服务，离不开各地乌兰牧骑的团结拼搏。乌兰牧骑在全国各地的宣传演出活动，有利于提升人民群众的幸福感，有利于增强中华民族的凝聚力。

（四）放眼世界、着眼未来

在乌兰牧骑团结拼搏精神的指引下，乌兰牧骑逐渐发展壮大，并走向了更加广阔的世界舞台。1979年，乌兰牧骑开始走出国门，先后在欧美及亚洲多地访问演出，并得到了广泛好评。陈巴尔虎旗乌兰牧骑作为一支优秀的文化工作队，其创作的《索海情》《巴尔虎婚礼》《巴尔虎靴子》等作品以其独特的草原民族风格在国内和国际的各种比赛中获得了优异成绩，并赴法国、荷兰、比利时等国家进行交流演出，向世界展示了具有民族性、地域性的中国文艺表演，受到了国外观众的赞扬和喜爱。在文艺创作以及表演过程中，由于乌兰牧骑长期深入群众，因此得以保留原始的民族特色以及浓郁的地域风情，这也是乌兰牧骑能够赢得国内外观众喜爱的重要原因之一。乌兰牧骑由一支最初活跃在草原上的文化队，逐渐迈出国门、走向世界，体现了乌兰牧骑齐心协力、团结拼搏的精神。乌兰牧骑凝心聚力的奋斗，使这支红色文化工作队不断开辟新的天地和更加广阔的舞台，成为草原文化的典型代表和亮丽名片。

六、勇于创新

勇于创新是乌兰牧骑精神的重要组成部分。乌兰牧骑队员们具有强烈的创新意识，他们敢于正视自己的不足，敢于自我革命，敢于不断为乌兰牧骑精神注入新的时代内涵。

（一）不断创新作品内容

随着时代的发展进步，乌兰牧骑的文艺作品也在推陈出新。从20世纪中期到今天，乌兰牧骑60多年栉风沐雨的发展历程，也是乌兰牧骑不断蜕变的创新历程。乌兰牧骑的作品内容以反映国家的政治生活主题和农牧区人民的生活变迁为主。政治生活主题和农牧区人民的生活，会随着社会发展、时代进步而有所变化，因此，乌兰牧骑的作品内容也在不断创新，确保始终为农牧民送上更为贴近生活、贴近实际的文艺演出。

乌兰牧骑初建时期，正值国家开展人民公社化运动之时，乌兰牧骑结合当时的时代特征和党的中心任务，创作了《珍贵的奶酒送给毛主席》《党的教育好》《幸福河》等作品，巩固党的执政基础，守护人民革命果实。改革开放后，党和国家的工作重心转移到了经济建设上来，农牧区人民也迎来了新的生活。此时，乌兰牧骑就根据改革开放后时代的变化，创作了《萨日娜花开红艳艳》《擀新毡》《嘎达梅林》等作品，热情讴歌改革开放以来农牧民的新生活，赞美社会主义新农村新牧区的新景象，给人们以精神鼓舞和艺术满足。进入新时代，乌兰牧骑遵循习近平总书记2014年10月15日在文艺座谈会上的讲话和2017年11月21日给内蒙古自治区苏尼特右旗乌兰牧骑队员们回信的要求和指示，创作了《初心不变》《爱在内蒙古》《守望相助》等作品，弘扬和践行社会主义核心价值观，努力建设中华民族现代文明。

（二）不断创新艺术形式

在勇于创新精神的激励下，乌兰牧骑还不断探索、创新其艺术表现形式。乌兰牧骑的艺术表演形式主要有小歌剧、小话剧、小演唱、舞蹈、器乐演奏、好来宝、说书、笑课等，节目内容短小活泼，几个人配合就可以演出。这些艺术表现形式真实地反映现实生活，易于推广，容易普及。随着社会的进步发展，乌兰牧骑在传承传统艺术形式的同时，还采用了新的艺术表现方式，为农牧民呈现了更加多彩的演出。如现代乐队组合比较受群众欢迎，乌兰牧骑就创新出现代乐队组合的呼麦表演形式，受到了农牧区人民的广泛好评。随着时代的发展和科技的进步，乌兰牧骑还积极利用现代工具和手段，合理利用声光电，为群众营造更佳的舞台效应，展现更好的演出效果。

（三）不断创新工作方法

一辆马车，将近十个人，"以天为幕布，以地为舞台"，为农牧区人民献歌献舞，这是乌兰牧骑最初的工作方法和工作状态，也是当时较为符合农牧区人民生活特点的工作形式。在乌兰牧骑初创时期，由于农牧区交通不便，居住点分散，乌兰牧骑队员需要赶着马车，翻沙丘，过草地，甚至有时候一走就是好几个月。随着农牧区生活条件的改善、道路的修建，乌兰牧骑的出行较之从前方便了很多。加上乌兰牧骑也拥有了演出车、舞台车等设备，他们的巡回时间较之从前大大缩短。因此，乌兰牧骑为农牧民送演出、送服务的频次也有所提高。在互联网新媒体高度发达的新时代，乌兰牧骑还会通过微信、微博、抖音等平台开展信息传递活动，以便更好地服务群众、引导群众。乌兰牧骑不断创新为人民服务的工作方法，既满足了广大农牧民日益增长的文化生活需求，也提升了自身的业务素养，更顺应了时代的发展要求。

（四）不断创新宣传手段

乌兰牧骑是流动的文艺轻骑兵，是草原上的文化工作队。做好宣传工作，是乌兰牧骑自始至终的重要任务。不同时期，乌兰牧骑的宣传工作具有不同的特点，因此，根据时代发展，及时创新宣传手段，显得十分必要。乌兰牧骑一般通过文艺表演、图片、画册、幻灯片、通俗读物、小人书、讲演、讲座等方式进行宣传，也会利用留声机和收音机等工具播放音频和视频供群众欣赏，这些都是乌兰牧骑初建时期常规的宣传手段，并取得了良好的宣传效果。

随着科学技术日新月异的发展，多媒体得到广泛运用，网络走进千家万户，乌兰牧骑可利用的宣传手段也越来越丰富多样。因此，乌兰牧骑积极推进网上乌兰牧骑建设，为更多群众了解乌兰牧骑提供了更为便利的平台。此外，乌兰牧骑还利用网络直播等方式进行宣传，这就为不能到现场的农牧民提供了非常大的便利，同时也可以吸引更多群体观看乌兰牧骑演出，扩大宣传的影响力。多途径、多形式的宣传手段，体现了乌兰牧骑与时俱进、勇于创新的精神。

第二节　乌兰牧骑精神的显著特征

自1957年第一支乌兰牧骑诞生以来，一代代乌兰牧骑队员迎风雪、冒寒暑，长期在戈壁、草原上辗转跋涉，为广大农牧民送去了欢乐和文明，传递了党的声音和关怀。基于乌兰牧骑而茁壮成长的乌兰牧骑精神，也正在日益充盈自己的内涵与外延，并彰显出鲜明而独特的显著特征。

一、本色——全心全意为人民服务

全心全意为人民服务，是乌兰牧骑精神的本质特征。乌兰牧骑精神起源于人民，发展于人民。全心全意为人民服务，是乌兰牧骑精神的价值旨归，也是乌兰牧骑精神的根本使命。

（一）从群众中来，人民群众是乌兰牧骑精神的内生动力

乌兰牧骑精神的源头活水就是广大人民群众，人民需要艺术。广大人民群众也是乌兰牧骑精神发展的内生动力，人民发展了艺术。

人民群众促进了乌兰牧骑精神的诞生。服务于广大人民群众，是中国共产党的初心所在。新中国是中国共产党领导的人民民主专政的国家，中国共产党"没有任何同整个无产阶级的利益不同的利益"，且要"强调和坚持整个无产阶级共同的不分民族的利益"①。在新中国成立前，《中国人民政治协商会议共同纲领》就已指出："人民政府应帮助各少数民族的人民大众发展其政治、经济、文化、教育的建设事业。"②

服务于广大人民群众，也是新中国的国家职能所在。国家职能由国家的阶级本质决定，新中国是人民民主专政的国家，为广大人民群众服务，体现了新中国的统治阶级——无产阶级的利益和意志，而发展乌兰牧骑事业、弘扬乌兰牧骑精神，也是国家对内职能中文化职能的重要表现。20世纪50年代，在内蒙古自治区地广人稀的草原上，文化生活还较为单调。物质匮乏的年代，游牧草原上的广大农牧民很难有书籍可以阅读，也没有广播、电视等渠道获得信息，农牧民对文艺的需要显得十分迫切。为改善广大农牧民的生活条件，乌兰牧骑的产生成为时代发展的必然。同时，当时的通信条件还普遍较为落后，尤其是边疆地区的广袤草原，党和国家的路线方针政策很难传达到每

① 《马克思恩格斯选集》（第一卷），人民出版社2012年版，第413页。
② 中共中央统战部：《民族问题文献汇编》，中共中央党校出版社1991年版，第1290页。

户农牧民的农舍和蒙古包里。在这一特殊的历史背景下，灵活机动的乌兰牧骑队伍成了草原上流动的宣传队，他们普及新中国各项政策，传递党的温暖和关怀，让广大农牧民从内心真切感受到新中国的优越性，巩固了党的执政基础，提升了广大农牧民的获得感和幸福感。

人民群众助力了乌兰牧骑精神的发展。人民群众的无穷智慧，是乌兰牧骑发展创作的重要源泉，滋养了乌兰牧骑精神并使其茁壮成长。广大农牧民在日积月累的生产劳动中，形成的意蕴良深的蒙古族优秀传统文化，成为乌兰牧骑艺术创作不断繁荣兴盛的重要源泉。"人民生活中本来存在着文学艺术原料的矿藏，这是自然形态的东西，是粗糙的东西，但也是最生动、最丰富、最基本的东西；在这点上说，它们使一切文学艺术相形见绌，它们是一切文学艺术的取之不尽、用之不竭的唯一的源泉。"[1]蒙古草原传统的长调、短调，筷子舞、安代舞，马头琴、火不思等元素，经过人民群众的加工、改造和升华，形成了丰富多彩的艺术节目，成了乌兰牧骑志愿服务广大农牧民的重要表现形式，而乌兰牧骑精神也在广大乌兰牧骑队员全心全意为人民服务的具体行动中逐渐凝练发展。人民群众的诉求和建议，也成了乌兰牧骑精神发展的方向。乌兰牧骑成立的初心就是全心全意为人民服务，群众喜不喜欢、热不热爱，是乌兰牧骑是否能生存下去、是乌兰牧骑精神是否能长盛不衰的重要因素。早期乌兰牧骑探索发展过程中，在采取什么样的组织形式、通过什么样的方法路径为农牧民服务这个问题上，也曾走过弯路。但在党的正确领导下，乌兰牧骑逐渐发展成符合客观实际、贴近群众生活的强大队伍。因此，"乌兰牧

---

[1] 《毛泽东选集》（第三卷），人民出版社1991年版，第860页。

骑在同群众结合中成长起来"①，乌兰牧骑精神是在长期服务广大农牧民的实践中逐渐发展的。

（二）到群众中去，人民群众是乌兰牧骑精神的价值旨归

服务好广大农牧民，是乌兰牧骑精神的目标指向。随着时代的发展，乌兰牧骑精神逐渐走向全国，并逐步走向世界，不仅为全体中国人民服务，还为世界人民带来了艺术的盛宴，并提供了基层治理和国家治理的经验智慧。

全心全意为人民服务是乌兰牧骑精神的题中之义。自第一支乌兰牧骑诞生以来，乌兰牧骑工作者坚持服务人民，始终初心不改，正如歌舞剧《我的乌兰牧骑》中所唱的："把天空当成明亮的灯光，把草原当成移动的舞台，哪里有牧民兄弟姐妹，乌兰牧骑就会来到你们身边。"从第一支乌兰牧骑队伍在苏尼特右旗成立，到新时代内蒙古自治区已经有70多支乌兰牧骑队伍，60多年的漫长岁月里，乌兰牧骑已逐渐发展壮大。在不畏艰辛、不辞劳苦地服务大众过程中，他们已经累计行程110多万公里，为农牧民和各族群众演出服务30多万场，各民族观众达2.12亿人次②，创造了当代中国文艺的奇迹。习近平总书记在给苏尼特右旗乌兰牧骑队员的回信中指出："乌兰牧骑的长盛不衰表明，人民需要艺术，艺术也需要人民。"③过去，草原上通信不便，信息闭塞，为了让农牧民理解国家的路线方针政策，乌兰牧骑采

---

① 《乌兰牧骑在同群众结合中成长起来》，《内蒙古日报》1965年5月13日第3版。

② 《红色嫩芽吐芳华——内蒙古乌兰牧骑扎根草原服务人民60年影记》，《光明日报》2018年1月7日第10版。

③ 《习近平回信勉励乌兰牧骑队员 大力弘扬乌兰牧骑优良传统 永远做草原上的"红色文艺轻骑兵"》，《人民日报》2017年11月22日第1版。

用老百姓喜闻乐见的艺术手法，运用农牧民容易接受的话语体系，准确传达国家的路线方针政策。乌兰牧骑的节目大多是队员们自编自演的，既具有社会主义和爱国主义内容，也富有民族特点、地区特点和时代特点。在深入基层演出时，队员们与农牧民同吃同住同劳动。他们一边积累创作素材，一边开展力所能及的服务活动，为牧民代购图书、修理半导体收音机和小型农机具等。如今，乌兰牧骑扎根基层为人民服务的初心一如从前。他们用歌曲做宣传，用乌力格尔（说唱）讲政策，在服务广大农牧民群众、推进社会主义国家基层治理的同时，还积极帮助农牧民推进乡村振兴。农牧民真切地感受到了乌兰牧骑的热情和用心，亲切地叫队员们"玛奈呼和德（我们的孩子）"。

二、红色——中国社会主义文艺战线上的一面旗帜

红色旗帜永飘扬，红色嫩芽永绽放。乌兰牧骑是中国社会主义文艺战线上的一面旗帜，有着鲜明的红色特征。

（一）乌兰牧骑精神彰显社会主义特性

乌兰牧骑精神是社会主义中国的产物。社会主义新中国的诞生，为乌兰牧骑精神的产生提供了基本条件。人民当家作主，是社会主义新中国民主政治的本质和核心。正是基于这一坚定立场，才有了服务于人民大众的社会主义文艺工作队——乌兰牧骑的产生，才有了社会主义的重要精神——乌兰牧骑精神的产生。第一支乌兰牧骑队伍成立的根本动因就在于服务广大农牧民，宣传社会主义思想。在物质相对匮乏的年代，来自苏尼特大草原的9名牧民，带着4件乐器、提着3盏

煤油灯、赶着2辆勒勒车、撑起1张幕布，组成了一支散发着古老草原气息的文艺演出团队——乌兰牧骑。乌兰牧骑的节目以自创、自编、自演为主，以搜集、整理民族民间文化艺术遗产为己任；乌兰牧骑的队员与农牧民同吃同住同劳动，在演出之余利用多种形式及时向农牧民群众宣传时事政策、科普文化知识；乌兰牧骑的活动将演出与辅导结合起来，积极帮助指导当地群众开展文艺演出和创作活动；乌兰牧骑的服务根据农牧民的需要和实际可能，涵盖了如理发、照相、修理等力所能及的多个方面，给农牧民带来了心灵上的慰藉和生活上的帮助。

乌兰牧骑精神是社会主义文艺精神的体现。乌兰牧骑是我国社会主义文艺战线上的一面旗帜，始终坚持先进的社会主义文化发展方向，这一重要品质是乌兰牧骑精神之所以呈现出"红色"特征的重要原因。对于乌兰牧骑所坚持的先进文化的方向，党和国家的重要领导人给予了充分肯定和高度评价。1964年12月，周恩来同志亲切叮嘱乌兰牧骑队员："不要进了城市，忘了乡村，要不忘过去，不忘农村，不忘你们的牧场""望你们保持不锈的乌兰牧骑称号"[1]。1983年9月，邓小平同志为内蒙古乌兰牧骑题词："发扬乌兰牧骑作风，全心全意为人民服务。"[2]2017年11月，习近平总书记在给乌兰牧骑队员的回信中更是指出："在新时代，希望你们以党的十九大精神为指引，大力弘扬乌兰牧骑的优良传统，扎根生活沃土，服务牧民群众，推动文艺创新，努力创作更多接地气、传得开、留得下的优秀作品，

① 达·阿拉坦巴干、朱嘉庚、李宝祥：《草原儿女的思念》，《人民日报》1998年3月6日第10版。
② 《邓小平年谱（1975-1997）》（下卷），中央文献出版社2004年版，第932页。

永远做草原上的'红色文艺轻骑兵'。"[①]党和国家多位领导人的肯定与赞扬，给了乌兰牧骑队员极大支持和巨大动力，受到鼓舞的乌兰牧骑队员纷纷予以积极响应。其中，额济纳旗乌兰牧骑队长雷东香就表示："要繁荣发展社会主义文艺。乌兰牧骑必须跟着时代走、跟着生活走、跟着农牧民走，这是我们的根本，也是我们的方向。"[②]

（二）乌兰牧骑精神彰显党性

乌兰牧骑精神所体现出来的全心全意服务广大农牧民的价值旨归，与中国共产党人始终为人民服务、为无产阶级服务的根本性质是一致的。

我们党的党性，就是无产者阶级性最高而集中的表现，就是无产阶级利益最高而集中的表现。服务于最广大人民群众，满足最广大无产阶级的需要，是中国共产党的崇高追求，而这一点，也正是乌兰牧骑人孜孜追求的目标所在，是乌兰牧骑精神的重要彰显。无论是渐绽微光的萌芽时期还是大放光芒的发展阶段，乌兰牧骑始终都把人民放在了最重要的位置。在乌兰牧骑还未诞生的20世纪50年代以前，受社会发展程度等多方面因素影响，内蒙古草原上逐水草而居的牧民在生产生活上是异常艰辛的。为了生存，农牧民依据内蒙古地区的地理环境和生产条件，必须从事放牧、挤奶、制酪、剪毛、屠宰、集粪等牧业工作，同时还要从事农作、狩猎、采集、贸易等活动，但文化生活却较为匮乏。为改变这一状况，党中央多次提出要改善基层农牧区贫穷落后面貌的要求。1957年5月初，内蒙古自治区文化局遵照周恩来同

---

① 《习近平回信勉励乌兰牧骑队员 大力弘扬乌兰牧骑优良传统 永远做草原上的"红色文艺轻骑兵"》，《人民日报》2017年11月22日第1版。

② 《红色基因代代相传》，《光明日报》2017年11月23日第11版。

志的指示精神和内蒙古党委、政府的要求，同时派出多个工作组到锡林郭勒盟的苏尼特右旗、正蓝旗、正镶白旗和乌兰察布盟的达茂旗等牧区及半农半牧区进行了较为全面的调查研究，决定成立乌兰牧骑。此后数十年，乌兰牧骑队伍不断发展壮大，服务广大人民群众的范围逐渐扩展，乌兰牧骑精神的光芒照耀着内蒙古自治区的广大人民群众，丰富了人们的文化生活，满足了人们的精神需求。无数乌兰牧骑人用实践行动诠释了为人民创作、为人民表演的乌兰牧骑精神，这与共产党人的党性是高度契合的。

服从党的领导，听从党的指挥，始终同党中央保持高度一致，是乌兰牧骑精神的内在要求。中国共产党是中国总揽各方的执政者，党是领导一切的。乌兰牧骑的一切活动，都是在党的领导下的活动；乌兰牧骑精神的一切主旨，都与党的主旨保持高度一致。乌兰牧骑是在党的领导下成立的。新中国成立后，党从局部执政转变为全国执政。新的历史条件下，中国共产党如何巩固新生的人民政权，如何夯实执政合法性，这是新中国成立后党面临的一个现实问题。同时，由于我国幅员辽阔，中国共产党如何在通信条件还不够发达的情况下，把党的政策和对人民的关怀传递到祖国的每一寸土地，这也是我们党需要解决的客观难题。内蒙古自治区面积广阔，农牧民居住分散。成立乌兰牧骑，将党的政策和关怀以文艺的方式呈现给农牧民，一方面满足了广大农牧民对精神文化生活的需求，赢得更多农牧民对党的支持和拥护；另一方面也向广大农牧民传递了党的声音，推进了党的基层治理。自成立以来的60多年间，乌兰牧骑在党的坚强领导下，始终活跃在内蒙古自治区辽阔的大草原上，成为了草原上一道亮丽的风景线。

三、特色——内蒙古大草原上的红色文艺轻骑兵

乌兰牧骑精神发源于内蒙古自治区。中国正北方的草原、戈壁、沙漠等地质地貌，使乌兰牧骑精神显示出了独特的地域性特征。而以蒙古族为主、多民族融合的特殊民族构成，也使乌兰牧骑精神呈现出了别具特色的民族风情。

（一）乌兰牧骑精神有着独特的地域性特征

内蒙古自治区有着独特的地域性特征。它地处欧亚大陆内部，东西直线距离2400多公里，南北直线距离1700多公里，全区总面积118.3万平方公里。降水量少而不匀，风大，寒暑变化剧烈。平均海拔高度1000米左右，以蒙古高原为主体，具有复杂多样的地形地貌。受特殊地理环境影响，生活在草原上的蒙古族人民并不是总在同一地区生活，而是根据水草生长情况、四季变换以及风雪旱涝等多种因素，周期性地或定期地迁移。游牧生活方式下的农牧民，无法像其他地区一样固定地聚居在某一地，但其对文化艺术的需要和其他地区的人民一样迫切。

新中国成立后，为满足农牧民对文化艺术的需要，为传播党的路线方针政策，党和国家做出了诸多努力。1957年，流动的草原文艺工作队——乌兰牧骑应运而生。正是内蒙古自治区特殊的地理环境、农牧民特殊的生活方式，推动了这支吃苦耐劳、甘于奉献的文艺轻骑兵的诞生，也成就了全心全意为人民服务的乌兰牧骑精神的发展。艰难的生存环境，并没有阻止乌兰牧骑队员们前进的步伐，哪里最艰苦，哪里最需要，他们就到哪里送歌献舞。在去农牧区表演的路途中，队

员们常常会遇到很多困难。遇到沙窝，他们"爬过一座沙窝又一座沙窝，三四匹马拼着命地挣扎，走上两步停一下，走上几丈远就歇一会儿"。遇到山洪，队员们"赤脚过河探路，找到路后又返回来牵马过河"①。60多年的历程中，他们遇到了各种各样的艰难和挑战，但都丝毫不能动摇乌兰牧骑向偏远地区农牧民输送社会主义文化的决心。乌兰牧骑队员活跃在辽阔的内蒙古土地上，"从贫下中牧的蒙古包，到人民解放军的边防哨所，到处都留下了他们的足迹，到处都传遍了他们的歌声"②。

2007年1月7日，乌兰牧骑队员踏着积雪到苏木嘎查进行春节慰问演出

来源：中共苏尼特右旗委宣传部

（二）乌兰牧骑精神有着别具特色的民族风情

乌兰牧骑是蒙古语"红色的嫩芽"之意，乌兰牧骑精神深深镌刻

---

① 《乌兰牧骑：红色文化工作队》，中国戏剧出版社1965年版，第72页。

② 《乌兰牧骑在前进》，内蒙古人民出版社1974年版，第42页。

着蒙古族的印记，内蕴着鲜明的蒙古族特色。同时，乌兰牧骑精神也处处彰显着中华民族的特色。

乌兰牧骑精神是蒙古族的产物。蒙古族传统文化为乌兰牧骑精神的形成积淀了重要基础。广袤无垠的蒙古草原，滋养了蒙古族独具特色的传统文化。蒙古族文学为乌兰牧骑精神的形成提供了沃土。根植于草原传统文化的蒙古族文学，是草原传统文化形象而具体的表现，在历史的积淀中，积累了大量神话传说、民间故事与英雄史诗等体裁多样的优秀作品，为乌兰牧骑精神的直接载体——乌兰牧骑的产生提供了丰富题材和创作来源。蒙古族音乐为乌兰牧骑精神的形成提供了灵感。蒙古族在长期的生产生活中，形成了旋律优美、气息宽阔、感情深沉的蒙古族音乐。这些音乐，是蒙古族人民情感意志的表达，也是蒙古族人民精神风貌的反映，更是乌兰牧骑精神的重要灵感来源。蒙古族舞蹈为乌兰牧骑精神的形成提供了重要基础。在草原地理环境和气候条件下形成的蒙古族舞蹈，浑厚、舒展、豪迈，并且节奏明快、舞步轻捷。乌兰牧骑队员在一挥手、一扬鞭、一跳跃之间洋溢着蒙古人的纯朴、热情、勇敢，表现了他们开朗豁达的性格和豪放英武的气质，具有强烈的民族特色，并深深地融入乌兰牧骑精神之中。

乌兰牧骑精神是中华民族的产物。中华民族的宝贵精神为乌兰牧骑精神的形成提供了根本基础。乌兰牧骑精神诞生于祖国的北部边疆，但它是整个中华民族的产物。乌兰牧骑精神不仅体现了蒙古族人民的风貌品格，更体现了中华民族的共同精神。乌兰牧骑精神始终以其独特的文艺形式，从不停歇地构筑中华民族共有精神家园。1964年，乌兰牧骑因其杰出成就和重大影响力，被文化部选送参加在北京举办的全国少数民族群众业余文艺会演。周恩来同志在接见乌兰牧骑进京演出代表队时，明确指示"你们要走向全国"。1965年乌兰牧骑首次全国巡演开始，他们在把草原故事带给全国各族人民的同时，也感受了井冈山的星星之火、大庆铁人王进喜的不屈意志、南京路上好八连的优秀作风，民族传统文化在革命文化和社会主义先进文化的熔炼熏陶下，悄然凝结成一个水乳交融的整体。改革开放以来，乌兰牧骑还多次走向国际，在更加广阔的舞台上成为中国的一张亮丽名片。乌兰牧骑精神在党的领导下，以文艺表演为形式，以文化认同为抓手，在构筑中华民族共有精神家园和铸牢中华民族共同体意识上发挥着重要作用。

四、原色——艺术性与政治性相结合

乌兰牧骑是社会主义文艺战线上的一面旗帜，是红色的文艺工作队。乌兰牧骑精神亦是马克思主义文艺观的升华，是观念的上层建筑。文艺性和政治性，体现了乌兰牧骑精神的原色。

（一）乌兰牧骑精神是马克思主义文艺观中国化的产物

乌兰牧骑精神是马克思主义文艺观的生动体现。文艺作为上层建筑的一部分，是社会意识形态的重要组成部分。"统治阶级的思想在每一时代都是占统治地位的思想。这就是说，一个阶级是社会上占统治地位的物质力量，同时也是社会上占统治地位的精神力量。支配着物质生产资料的阶级，同时也支配着精神生产资料。"[1]1942年5月，

---

① 《马克思恩格斯选集》（第一卷），人民出版社2012年版，第178页。

在延安文艺座谈会上，毛泽东同志基于马克思主义文艺观，对当时及其后党的文艺工作作出了重要指示，这也为后来乌兰牧骑及其精神的诞生奠定了重要基础。1956年底，新中国顺利完成了对农业、手工业和资本主义工商业的改造，确立了社会主义基本制度。此时，发展社会主义文艺，满足广大人民群众日益增长的文化需求，是历史发展的必然要求。1957年夏，乌兰牧骑诞生。作为社会主义中国的文艺组织，乌兰牧骑为新中国的统治阶级（即无产阶级）服务，是其内在使命。而由乌兰牧骑淬炼而生的乌兰牧骑精神，服务于人民，并作为观念的上层建筑反作用于经济基础，为社会主义建设和发展添砖加瓦，正是马克思主义文艺观具体而生动的体现。

乌兰牧骑精神具有深厚的文化底蕴。乌兰牧骑精神以乌兰牧骑为重要载体，乌兰牧骑的文艺性深深影响了乌兰牧骑精神。在性质定位上，乌兰牧骑是一种文艺组织。它是"文艺为工农兵服务、为社会主义服务的良好形式，是文艺工作者密切联系群众、联系实际的良好形式"[1]。它是"在党的文艺方针和民族政策的指引下，结合内蒙古实际创建起来的一支以演出为主的综合性文化工作队"，而它的作用，则"主要从事社会主义文化艺术的普及工作"[2]。在表现形式上，乌兰牧骑创造了"红色文艺轻骑兵"模式。乌兰牧骑队伍短小精悍、队员一专多能、节目小型多样、装备轻便灵活，它集演出、宣传、辅导、服务等多项职能于一体，为农牧民提供综合性的文化服务。在表

[1]《乌兰牧骑（一）》，内蒙古人民出版社1965年版，第1页。
[2] 达·阿拉坦巴干、朱嘉庚：《乌兰牧骑赞》，内蒙古自治区乌兰牧骑学会2007年版，第34页，第141—142页。

演形式上，乌兰牧骑以马克思主义唯物辩证法和辩证唯物主义为指导，妥善处理了一般性和特殊性的关系，在坚持民族特色、地方特色的同时，吸收各民族的优秀文艺题材，汇聚多种表现手法，丰富了乌兰牧骑的表演形式。在节目内容上，乌兰牧骑创作了以《我的乌兰牧骑》《顶碗舞》《腾飞的骏马》等为代表的不计其数的节目。这些质量高、效果好的优秀作品，成为社会主义文艺的杰出代表。在价值指向上，乌兰牧骑为人民而文艺，它从人民群众生活中吸取艺术创作的营养，又充满热情地表现人民群众的生活和情感世界，充分体现了人民的主体性，体现了马克思主义文艺观的人民性特质。

（二）乌兰牧骑精神蕴含政治性的内在属性

"一切文化或文学艺术都是属于一定的阶级，属于一定的政治路线的。"①超阶级的艺术，或与政治相互独立的艺术，是不存在的。乌兰牧骑是全国文艺战线的一面鲜红旗帜，是党的文艺工作的一部分，由此产生的乌兰牧骑精神，是与党在一定历史时期内的建设发展任务相一致的。政治性，是乌兰牧骑精神的内在属性。

乌兰牧骑精神有着严正的立场。乌兰牧骑精神发源于20世纪50年代的新中国。新中国是中国共产党领导下的人民民主专政的社会主义国家，与旧社会不同的是，广大人民群众已经翻身做主人，并正在全力以赴地为大规模的社会主义建设而奋斗。站在无产阶级和人民大众的立场，站在党性和党的政策的立场，是乌兰牧骑精神的应有站位，这也区别于腐朽反动思想的地主阶级、资产阶级的立场。乌兰牧骑精神是为人民服务的，以人民群众喜闻乐见的形式，向广大农牧民

---

① 《毛泽东选集》（第三卷），人民出版社1991年版，第865页。

宣传中国共产党和社会主义新中国的政策，满足广大农牧民对文艺的
需求，鼓舞边疆地区劳动人民建设新中国的热情，是乌兰牧骑精神的
重要使命。60多年来，在乌兰牧骑精神的指引下，乌兰牧骑队员们
创作了无数优秀的文艺作品，传播了党和国家的路线方针政策，在润
物细无声中加强了我国的意识形态教育。乌兰牧骑精神有着明确的指
向。早在1942年延安文艺座谈会时，就已讨论过文艺是为什么人的问
题。毛泽东同志深刻阐释了无产阶级领导下的文艺应该为人民大众服
务的目的，并强调"为什么人的问题，是一个根本的问题，原则的问
题"①。为人民服务，是中国共产党自始至终的初心，也是从未懈怠
的使命。乌兰牧骑的成立，源自满足广大农牧民对文艺的需求、对文
化生活的满足，也源自新中国巩固人民胜利果实、维护国家安全稳定
的内生动力。在乌兰牧骑长期发展中衍化出来的乌兰牧骑精神，进一
步升华了乌兰牧骑全心全意为人民服务的理念，并随着历史的前进和
时代的需要不断充盈自身的内涵与外延，为满足人民日益增长的美好
生活发挥着重要作用。

　　乌兰牧骑精神有着强大的功能。乌兰牧骑精神在满足人民需要、
巩固基层治理、发挥价值引导、传播中国文化等方面发挥着重要作
用。新中国成立之初，内蒙古自治区农牧民居住分散，交通较不便
利，大型剧团下不去，文化馆活动又相对单一。这种情况，既不利于
广大农牧民对精神文化的需要，也不利于国家路线方针政策的传播，
更不利于新中国的边疆治理和党的治国理政。"如何在牧区更深入地
宣传党的方针、政策，把社会主义文化送到牧区去，这是必须从思想

---

① 《毛泽东选集》（第三卷），人民出版社1991年版，第857页。

上、组织上解决的问题。"① 在这一特殊历史背景下，乌兰牧骑精神诞生了。在乌兰牧骑精神的感召下，乌兰牧骑队员们除积极开展文化宣传工作外，还竭尽所能地帮助有需求的农牧民放羊打草、接羔保育、春种秋收，在满足农牧民精神生活的同时，也解决了农牧民的诸多实际难题，这对于安定人民生活、巩固党的执政基础有着重要作用。

---

① 《乌兰牧骑：红色文化工作队》，中国戏剧出版社 1965 年版，第 2 页。

第四章
乌兰牧骑精神的重要作用、历史地位与时代意义

乌兰牧骑精神，已成为内蒙古自治区各族人民的宝贵财富和显著标识。它在淬炼草原轻骑兵的表演艺术、丰富草原人民的文化生活、滋养受众者的精神世界和发展社会主义文艺等方面，都发挥了重要作用。

乌兰牧骑精神不仅是草原文化的广阔延伸，而且代表着人民文艺的发展方向，体现了党的基层治理理念。乌兰牧骑精神对于弘扬社会主义核心价值观、不断满足人民日益增长的美好生活需要、巩固全体人民团结奋斗的共同思想基础、推进国家治理体系和治理能力现代化，都具有深远的历史意义和重要的现实价值。

第一节 乌兰牧骑精神的重要作用

60多年来，乌兰牧骑精神在淬炼草原轻骑兵的表演艺术、丰富草原人民的业余生活、滋养大众的精神世界和发展社会主义文艺等方面，发挥了并将继续发挥重大作用。

一、淬炼草原轻骑兵的表演艺术

文艺演出是乌兰牧骑最基本的功能，也是人民群众对乌兰牧骑最初的认识。乌兰牧骑的表演节目是从农牧民现实生活中提炼而成的，乌兰牧骑的精神锻造了这支草原红色文艺轻骑兵队伍的表演艺术。

（一）忠诚于党、忠于国家、热爱人民的表演艺术

乌兰牧骑的表演艺术体现了其忠诚于党、忠于国家、热爱人民的精神品质。乌兰牧骑作为草原上的红色文艺轻骑兵，自1957年诞生以来，就不断多方面提升自身的表演艺术水平，致力于党和国家的文艺事业，始终坚持全心全意为人民服务。其灵活生动的表演深深地感染了草原人民，并被农牧民亲切地称呼为"玛奈（我们的）乌兰牧骑"，乌兰牧骑队员也被唤作"玛奈呼和德（我们的孩子）"。

乌兰牧骑有句口号："不漏掉一个蒙古包，不落下一个牧民。"

乌兰牧骑精神的内涵是忠诚于党、热爱人民、吃苦耐劳、甘于奉献、团结拼搏、勇于创新，这是乌兰牧骑的价值观，也是乌兰牧骑精神的基本元素[①]。乌兰牧骑精神涵养了乌兰牧骑队伍的优良品格，淬炼了乌兰牧骑队伍精湛的艺术表演水平。

乌兰牧骑忠诚于党、忠于国家、热爱人民的精神品质，是乌兰牧骑表演艺术的闪光之处，也是乌兰牧骑精神的重要体现。习近平总书记号召我们要大力弘扬乌兰牧骑的优良传统，这既是对乌兰牧骑优良传统的肯定与赞扬，也是对新时代乌兰牧骑队员寄予的深切厚望。乌兰牧骑所具有的忠诚于党、忠于国家、热爱人民的优秀品格，逐渐熔铸升华为享誉当代的乌兰牧骑精神，成为社会主义精神文明建设中的一笔宝贵财富。

（二）扎根沃土、吃苦耐劳、甘于奉献的表演艺术

乌兰牧骑的表演艺术体现了其扎根沃土、吃苦耐劳、甘于奉献的精神品质。从60多年前第一支乌兰牧骑成立至今，乌兰牧骑人一直扎根于内蒙古辽阔的大草原，风里去雪里来，默默奉献着自己的青春和热血。乌兰牧骑的表演艺术，烙下了乌兰牧骑人饱含深情的印记。勤劳杰出的乌兰牧骑队员，创作和表演了许多优秀作品，展现了精湛的表演艺术。内蒙古自治区地域辽阔、纵横万里，为了把党的路线方针政策、温暖关怀和欢乐文明送进每一顶蒙古包、每一个边防哨卡，乌兰牧骑队员做出的努力和奉献是巨大的。在经济社会还不发达的乌兰牧骑初创年代，由于交通条件的限制，乌兰牧骑队员们只能赶着勒勒车，骑着马或骆驼，深入偏远地区为广大农牧民群众送歌献舞，用

[①] 董学文：《乌兰牧骑精神内涵的先进性》，《实践》（思想理论版）2019年第12期，第8页。

文艺作品宣传党和政府的方针政策①。即使在演出环境、出行道路等各方面条件都十分艰苦的情况下，乌兰牧骑队员们也从未想过放弃，他们始终活跃在内蒙古大地上，以吃苦耐劳、甘于奉献的精神，一心一意地把服务和宣传工作做好。在他们的坚持下，社会主义文艺传遍了内蒙古辽阔草原的每一寸土地，党的温暖也送进了广大农牧民的心间，更传向了祖国的大江南北，逐渐响彻世界的每个角落。

乌兰牧骑的主要任务是"演出、宣传、辅导、服务"，队员们在美丽广袤的草原上默默地付出，始终秉持深入基层、深入群众、深入生活的理念，坚持全心全意为人民服务的宗旨。只要乌兰牧骑鲜红的队旗出现，牧民们就纷纷从蒙古包里跑出来，高兴地互相招呼着："玛奈乌兰牧骑依日勒（我们的乌兰牧骑来啦）！"乌兰牧骑工作队始终根植基层、艰苦奋斗、无私奉献。他们以蓝天为幕、以大地为台，不畏艰难困苦，一心为农牧民播撒欢乐、传播文化、真心服务②。

在祖国正北方的广袤大地上，这支长盛不衰的文艺轻骑兵，始终不忘初心，牢记使命，在乌兰牧骑精神的鼓舞下，不断提升自身的表演艺术水平，在做到全心全意为农牧民服务的同时，也锤炼了一支扎根沃土、吃苦耐劳、甘于奉献的红色文艺工作队。

---

① 孟凡：《永远做草原上的"红色文艺轻骑兵"》，《内蒙古宣传思想文化工作》2018 年第 11 期。
② 刘玉琴：《那红红的萨日朗》，内蒙古人民出版社 2018 年版。

1972年，乌兰牧骑队员们在巡回演出途中为牧民演出

邢宗仁／摄

（三）勤于实践、积极开拓、勇于创新的表演艺术

乌兰牧骑的表演艺术体现了其勤于实践、积极开拓、勇于创新的精神品质。乌兰牧骑成立后，迅速在草原戈壁上生根发芽、茁壮成长。乌兰牧骑始终对人民怀有朴实、真挚、持久的感情，他们坚持为人民而歌，为人民而舞，真正做到了扎根生活、扎根人民。乌兰牧骑积极开拓、勇于创新的精神，不断丰富乌兰牧骑的艺术表演形式，发展和提升乌兰牧骑队伍的艺术素养和服务水平。

乌兰牧骑平均每年赴牧区演出4000余场，当队伍到来的时候，牧民们总是以对待最尊贵客人的礼节迎接他们；当队伍离开时，牧民们也是拉着队员们的手依依不舍，送了一程又一程[1]。这么多年过去了，内蒙古大地上的农牧区发生了巨大变化，经济条件越来越好，交

---

① 刘云伶、曹曙光等：《草原上常青的文艺轻骑兵》，《党建》2004年第Z1期。

通越来越便利，农牧民的生活水平有了很大改善，思想观念也有了很多改变。农牧民的见识广了，欣赏水平也高了，但他们对乌兰牧骑的深厚感情始终不变。看过乌兰牧骑表演的人，无不被他们真诚为民服务的精神所感动，被他们展现出的强烈时代精神和浓郁生活气息所感染。正是乌兰牧骑身上的这些特质，才使乌兰牧骑精神在这片美丽的草原上得以不断传承和发扬。

一代代乌兰牧骑人，始终坚持优良传统，弘扬宝贵精神，守护本真初心，以文艺的形式服务群众，支持内蒙古自治区建设事业的发展，为推进国家的基层治理作出了重大贡献。乌兰牧骑在为农牧民服务的实践中，创作了一大批优秀文艺作品，培养和锻炼了一大批少数民族文艺骨干。乌兰牧骑队员们不仅探索自身队伍建设的路径，还更新和优化为民服务和为民演艺的方式方法。他们在提高草原人民生活水平、促进草原文化繁荣发展、推动民族团结进步、巩固祖国边疆稳定等方面作出了杰出贡献。

二、丰富草原人民的文化生活

为人民服务是乌兰牧骑精神的根本。为人民服务是党的宗旨，也是乌兰牧骑的"初心"和"使命"[①]。长期以来，乌兰牧骑在为人民服务、为社会主义服务的实践中始终坚持以人民为中心的创作导向，聚焦现实题材，反映群众关切，为草原人民送去了欢乐和幸福，丰富了草原人民的文化生活。

---

① 郝时远：《为人民服务是乌兰牧骑精神的根本》，《实践》（思想理论版）2019 年第 12 期。

（一）点亮草原人民的美好生活

内蒙古草原是花的原野，乌兰牧骑犹如其中一枝绚烂的花朵，历经60余个春秋，始终绽放着夺目的光彩。党的十九大报告指出："中国特色社会主义进入新时代，我国社会主要矛盾已经转化为人民日益增长的美好生活需要和不平衡不充分的发展之间的矛盾。"[①]满足广大人民群众对美好生活的向往，是新时代党和国家的重要奋斗目标之一。

对草原人民来说，既要美丽草原，也要幸福生活。党和国家高度重视草原人民对美好生活的需要。2014年1月，习近平总书记在内蒙古自治区考察调研时强调，保护好内蒙古大草原的生态环境，是各族干部群众的重大责任。要加快传统畜牧业向现代畜牧业转变步伐，探索一些好办法，帮助农牧民更多地分享产业利润效益，真正

2022年，乌兰牧骑队员在苏尼特右旗额仁淖尔苏木阿门乌苏嘎查与牧民互动

来源：中共苏尼特右旗委宣传部

① 习近平：《决胜全面建成小康社会 夺取新时代中国特色社会主义伟大胜利——在中国共产党第十九次全国代表大会上的报告》，《人民日报》2017年10月28日第1版。

同龙头企业等经营主体形成利益共同体。这就要求我们一方面要打造草原人民良好的生活环境，另一方面还要提高草原人民的生活质量和生活水平，满足草原人民对美好生活的需要。

哪里的人民需要乌兰牧骑，乌兰牧骑就去哪里。为人民服务，是乌兰牧骑的责任和使命。一代又一代的乌兰牧骑人就是怀着这样的信念走过来的。乌兰牧骑不仅发挥了传承和保护各民族独特传统文化的作用，还极大丰富了草原人民的美好生活。乌兰牧骑挖掘、整理和发扬民族传统艺术，从各地农牧民的生活中汲取营养，为民族传统艺术注入新的元素，丰富和发展了民族传统艺术的表现功能。他们根据农牧民的艺术欣赏趣味和日益多样化的需求，在弘扬主旋律的同时，努力在演出内容和形式上实现多元化，充实着草原人民的日常生活。

哪里最偏僻，乌兰牧骑队伍就先把歌舞献到哪里。只要农牧民需要，几个人，甚至是一个人，乌兰牧骑队员也倾情演出。在一个寒风凛冽的冬日，苏尼特右旗乌兰牧骑为乡亲们进行户外演出时，自己顶着寒风，却让乡亲们到棚里观看，队员们有时实在冰冻难忍，便喝几口烈酒，再继续演出。等到演出结束时，队员们浑身都冻得麻木了。但当听说有几位双目失明的"五保户"老牧民想听他们唱歌时，队员们又在寒风中驰骋数十里路，为老牧民献上了一台精妙绝伦的演出。演出之余，乌兰牧骑队员们也从不闲着，农牧民忙什么，有什么需求，他们就干什么。挑水、熬茶、剪羊毛、修乐器，个个是行家；理发，维修钟表、电器、家具，不少队员都是里手。演出结束后，乌兰牧骑还有个不成文的"三不走"规矩：院子不干净不走、水缸不满不走、不听取农牧民的意见不走。这支小型的文化工作队，既是丰富和拓展农牧民文化生活的宣传队，也是服务于农牧民日常生活的勤务队。

（二）保障草原人民的文化权益

为保障基层群众文化权益，经过不懈努力，我国逐步形成了文化设施较为完备、文化队伍素质逐步提高、重点工程快速推进、文化活动丰富多彩、服务方式不断创新的公共文化服务体系。乌兰牧骑在长期的发展过程中，也始终坚持以人民为中心的服务宗旨，切实推进草原文化建设，保障草原人民的文化权益。

保障草原人民的文化权益，需要做好宣传和服务工作。内蒙古自治区鄂尔多斯一直被称为"歌的海洋、舞的故乡"。在美丽的鄂尔多斯，有一个关于蒙古族老人拉布森的故事。拉布森老人居住在伊金霍洛旗苏布尔嘎嘎查，地处高原腹地。由于农牧民尤其是牧民居住得较为分散，所以平时的生活中，很多牧民只能自娱自乐。然而当记者采访拉布森老人的时候，他却笑着说他从未感到寂寞，"因为有乌兰牧骑啊！这么多年来，队员们经常给我们唱歌、跳舞，和我们喝烧酒，讲党的新政策和祖国的新气象"[1]。正因为有了乌兰牧骑，住得再远再偏的农牧民，也能赏上好节目、跟上新时代！

保障草原人民的文化权益，需要在文艺创作上不断创新。乌兰牧骑在蒙古族传统曲艺形式的基础上，借鉴如"笑嗑亚热"等兄弟民族曲艺的出色表现形式，并对其进行重新打磨创造，将新的艺术作品带进蒙古包，带入草原牧区，展现在广大人民面前。值得一提的是，流行乐器设备如萨克斯、组合音响等，也被乌兰牧骑搬进了农牧区，这

---

[1] 刘云伶、曹曙光等：《草原上常青的文艺轻骑兵》，《党建》2004年第 Z1 期。

些随着时代潮流不断涌现的新鲜事物，大大扩展了农牧民们的视野。从20世纪50年代乌兰牧骑成立以来，队员们不仅走进了内蒙古自治区农牧民的家中，还奔赴国内各省区及多个国家和地区进行演出，受到了各方高度评价。

保障草原人民的文化权益，更要坚定文化自信。60多年来，乌兰牧骑始终以高度的文化自信为底气，以丰富的民族艺术为底蕴，聚焦现实题材，创作演出了大量脍炙人口的节目。一大批"望得见蒙古包、听得见马头琴、闻得见青草香"的精品力作广为流传。据统计，截至2018年底时，乌兰牧骑已累计行程130多万公里，为农牧民和各族群众演出服务36万多场次，观众总数达2.6亿人次，创造了自治区乃至全国文艺发展史上的一个奇迹。[①] 在服务人民的实践中，乌兰牧骑还从群众中汲取智慧，在实践中激发灵感，从而创作出许许多多的优秀作品。如呼伦贝尔鄂温克族自治旗乌兰牧骑创作的歌舞《森林鼓声》，以古老风俗为素材，通过艺术化的狩猎场面，运用篝火、大森林、崇山峻岭以及充满鄂温克人文化特色的兽皮鼓，深情地表现了狩猎人——鄂温克民族彪悍勇敢的人生。苏尼特右旗乌兰牧骑的歌曲《玛奈乌兰牧骑》、群舞《传奇贝依力格》，乌兰察布乌兰牧骑的现代民族歌舞剧《察哈尔蒙古族婚礼》和大型蒙古剧《忠勇察哈尔》，二连浩特乌兰牧骑的长调民歌《清凉的杭盖》、器乐合奏《海木日》，呼伦贝尔乌兰牧骑的舞蹈《抢枢》和歌曲《蓝色的额尔古纳河》，以及翁牛特旗乌兰牧骑的《那达慕之夜》，库伦旗乌兰牧骑的《天地安代》，鄂托克旗乌兰牧骑的歌舞表演《鄂尔多斯婚礼》，乌

---

① 白玉刚：《永远做草原上的"红色文艺轻骑兵"》，《求是》2018年第6期。

拉特中旗的大型蒙古剧《鸿嘎鲁》等，无不在人们心中留下了美好的印象。这些优秀的艺术作品来源于草原大地，为广大农牧民提供了宝贵的精神食粮，提升了人民群众的精神风貌。

目前，内蒙古自治区的各支乌兰牧骑基本已实行目标管理责任制、队长负责制、队员聘任制、艺术结构工资制等管理措施，为不断锤炼和提高队员的艺术素养和表演水平提供了体制上的保障。同时，乌兰牧骑还不断完善各方面的管理体制机制，努力提高为草原人民全方位服务的水平，切实保障草原人民的文化权益。

三、滋养大众的精神世界

实现"两个一百年"奋斗目标、实现中华民族伟大复兴的中国梦，不仅需要强大的物质力量，也需要强大的精神力量，其中，文艺事业的作用无可替代。在几代文艺工作者的努力下，乌兰牧骑逐步发展壮大，成为内蒙古草原上一道独特的文艺风景线。60多年来，乌兰牧骑精神一直深深滋养着草原人民的精神世界。

（一）不断满足人民的精神文化需要

一个民族除了需要栖息生存的自然家园，还需要有"诗和远方"的精神家园。人既是生理的存在，也是心理的存在。人们对美好生活的追求不仅包括物质层面，还包括精神层面。心灵的安顿和归属，是美好生活的重要组成部分。

2014年春节前夕，习近平总书记冒着严寒来到内蒙古自治区考察。在考察中，习近平总书记从历史和时代的高度，提出了守好内蒙古少数民族美好的精神家园的重要嘱托。传承和发展好各族人民共同创造的优秀民族文化，保护和维系好民族文化的基因和血脉，并不断与时代精神相贯通，努力形成各族人民理想的精神栖息之所，是满足人民群众对美好生活向往的必要之举。

传承和弘扬全心全意为人民服务的乌兰牧骑精神，既体现了各族人民的传统美德，也彰显了各族人民艰苦奋斗、开拓进取的时代精神，对于铸牢中华民族共同体意识具有重要作用。乌兰牧骑以文艺的表达方式，融入历史文化的血脉，吸纳时代发展的气息，取材多元，形式多样，不断满足人民的精神需要，滋养人民的精神世界。

在乌兰牧骑精神的引领下，乌兰牧骑队员们除了在内蒙古自治区为广大农牧民服务之外，还为全国各地人民服务。在乌兰牧骑成立初期，他们就已经在全国多地巡演。1965年，乌兰牧骑到广州和上海演出。在声乐类节目中，有齐唱《内蒙古好地方》，独唱《众手浇开幸福花》《红旗一代传一代》，小演唱《牧民爱读毛主席的书》。在器乐类节目中，有马头琴独奏《劳动模范娜布其玛》，民乐合奏《鄂伦春人民好生活》《草原晨曲》。在舞蹈类节目中，有安代舞《民族团结赞》《草原女民兵》《巡逻之夜》。在语言类节目中，有对口词《哨兵》，好来宝《牧马英雄》，说唱快板《马架子人改天换地》等。从题材的划分上看，乌兰牧骑的节目有关注世界政治风云的内容，有歌颂党、歌唱新生活的内容，也有边疆地区各族人民团结成边的内容，还有关注身边事、身边人的非常"接地气"的内容。创作的素材大多来自农牧民的真实生活，如《彩虹》《腾飞的骏马》《翔》等，这些讲述新人、新事、新气象的歌舞和各类曲艺节目，体现了农牧民的思想、感情、愿望、要求和理想，为农牧民们所深爱，也赢得了全国以及世界上不同国家、民族观众的喜爱①。

（二）努力提升人民的思想文化境界

乌兰牧骑是党的民族政策、文艺方针与少数民族地区实际情况相结合的产物，它熔铸着革命文化的红色基因，传承着民族文化的深沉血脉，对于提升广大人民群众的思想文化境界有着积极作用。

在蒙古族中，许多男性的名字都叫"巴特尔"，这是蒙古民族崇拜英雄的具体体现。崇拜英雄的文化内核，与20世纪五六十年代学习雷锋、学习焦裕禄的时代精神共同形成了艺术要表现英雄事迹、讴歌英雄形象的美学追求。踏踏实实跟党走，无怨无悔赴基层，一心一意谋服务，勤勤恳恳作贡献，是乌兰牧骑队员们的初心所在，这也和中国共产党"为中国人民谋幸福，为中华民族谋复兴"的初心和使命是一脉相承的。1947年，随着中国共产党领导下的内蒙古自治区的成立，一支属于内蒙古自治区的文艺工作队也由此诞生，且领导干部大多在延安鲁迅艺术学院学习时就已掌握毛泽东文艺思想的精髓。他们以"我们的文学艺术都是为人民大众的，首先是为工农兵的，为工农兵而创作，为工农兵所利用"②为宗旨，打下了内蒙古自治区红色文艺工作的坚实基础，也为乌兰牧骑的诞生奠定了重要的组织基础和思想基础。

60多年来，乌兰牧骑一直坚持与时代同行、与人民同心。不管客观环境如何变化，乌兰牧骑一直努力传承着红色文化基因和民族文化

---

① 刘云伶、曹曙光等：《草原上常青的文艺轻骑兵》，《党建》2004年第Z1期。
② 《毛泽东选集》（第三卷），人民出版社1991年版，第863页。

血脉[①]。乌兰牧骑的歌舞节目和艺术创作，在"扎根生活沃土，服务人民群众"的基础上讴歌英雄、讴歌民族团结，强调文化自觉，尽显民族特色。乌兰牧骑不媚俗、不庸俗、不低俗，牢牢把握了草原艺术的主流，处处彰显着乌兰牧骑精神的强大力量，对于提升草原人民的思想境界、涵养广大群众的心灵家园有着重要作用。

（三）进一步增强人民的道德与精神力量

自建队以来，乌兰牧骑创作的作品，始终弘扬主旋律，传播正能量，增强了人民的道德与精神力量。乌兰牧骑绝大部分节目都取材于内蒙古自治区人民的真实生活，洋溢着时代的气息，彰显着生活的智慧。如西乌珠穆沁旗的乌兰牧骑歌舞剧《乌日苏勒图》，就改编自当地的长调民歌，起到了"反映新时代、传播新思想、讴歌新人物、倡导新风尚"的社会作用。察哈尔右翼中旗乌兰牧骑在惠民演出中，自编自演了配乐快板《我来讲讲十九大》、三句半《十九大精神》、情景剧《牧民歌唱共产党》等文艺作品，受到农牧民群众的一致好评。[②]乌兰牧骑创作的节目种类繁多、内容丰富，以歌言志，以舞传情。有的作品激励人民团结互助、艰苦奋斗、自强不息；有的作品表现出对大自然的热爱和对生命的关怀，歌颂劳动的伟大和神圣；有的作品展示美好的爱情生活，赞美爱情的纯真与甜蜜；还有一些作品表现了人们在面对自然灾害和严酷环境时从不畏惧、勇往直前的坚强意志……这些作品展现了内蒙古草原的新人、新事、新风尚和人民建设社会主义的雄心壮志，传播了社会主义的新思想、新品德、新风尚。

---

① 吉日嘎拉：《当好新时代的红色文艺轻骑兵》，《内蒙古日报（汉）》2018年1月12日第10版。
② 张惠熙：《切实把握乌兰牧骑精神的民族和时代特色》，《党建》2019年第5期。

一个国家和民族的进步发展，离不开道德精神的滋养。这些乌兰牧骑精心创作的文艺作品，植根于优秀草原文化和红色革命文化的沃土，不仅深入宣传党的路线方针政策，形象展示社会主义建设的发展成果，而且讴歌富有时代精神的先进典型，增强了人民的道德力量和精神力量。

四、发展社会主义文艺

一代代乌兰牧骑为发展社会主义文艺发挥了重要作用，作出了重要贡献。他们打造精品力作，推动文艺创新，引领文艺队伍建设，培育高水平艺术人才，坚定不移地听党话、跟党走，承担起向广大农牧民宣传党的路线方针政策、传承社会主义文艺的重大使命。

（一）始终坚持为人民服务的根本宗旨，坚持以人民为中心的创作导向

乌兰牧骑精神把握了社会主义文艺的要旨，始终坚持全心全意为人民服务。党的十九大报告提出："社会主义文艺是人民的文艺，必须坚持以人民为中心的创作导向，在深入生活、扎根人民中进行无愧于时代的文艺创造。"[1] 党的二十大报告指出，"坚持以人民为中心的创作导向，推出更多增强人民精神力量的优秀作品"[2]。习近平总书记在2017年11月给苏尼特右旗乌兰牧骑队员们的回信中指出："乌

---

[1] 习近平：《决胜全面建成小康社会 夺取新时代中国特色社会主义伟大胜利——在中国共产党第十九次全国代表大会上的报告》，《人民日报》2017 年 10 月 28 日第 1 版。

[2] 习近平：《高举中国特色社会主义伟大旗帜 为全面建设社会主义现代化国家而团结奋斗——在中国共产党第二十次全国代表大会上的报告》，《人民日报》2022 年 10 月 26 日第 1 版。

兰牧骑的长盛不衰表明，人民需要艺术，艺术也需要人民。"①这一论断精辟总结了乌兰牧骑的成功经验，凸显了社会主义文艺要坚持以人民为中心的创作导向。在乌兰牧骑的艺术实践中，"人民性"一以贯之。乌兰牧骑队伍的成员大多来自草原农牧民，演出节目主要取材于农牧民生活。演出之外，乌兰牧骑还是农牧民的宣传工作队、文艺辅导队、生活服务队。在艺术风格上，乌兰牧骑善于开掘人民群众喜闻乐见的民族题材和民族形式；在艺术传播与接受上，乌兰牧骑把满足人民精神文化需求作为出发点和落脚点，把人民作为文艺审美的鉴赏家和评判者②。

乌兰牧骑是我国文艺战线的一面旗帜，今天，这面旗帜依然在草原上高高飘扬。乌兰牧骑一直把"为人民服务"书写在旗帜上、展示在舞台上。他们心系人民，与人民水乳交融、血肉相连。人民既是历史的创造者、也是历史的见证者，既是历史的"剧中人"、也是历史的"剧作者"。只有坚持以人民为中心的创作导向，才能始终确保文艺之树常青。

（二）始终坚持思想精深、艺术精湛、制作精良相统一，打造精品力作，推动文艺创新

乌兰牧骑精神传承了社会主义文艺的要旨，始终坚持思想精深、艺术精湛与制作精良相统一，不断打造精品力作，推动文艺创新。创新是推动社会发展进步的强大动力，也是新时代乌兰牧骑事业发展的

---

① 《习近平回信勉励乌兰牧骑队员 大力弘扬乌兰牧骑优良传统 永远做草原上的"红色文艺轻骑兵"》，《人民日报》2017 年 11 月 22 日第 1 版。

② 彭文祥：《在时代沃土中绽放艺术之花——乌兰牧骑艺术实践的启示》，《人民日报》2018年 8 月 24 日第 24 版。

重要推力。随着时代的发展，特别是文化艺术传播方式的多渠道、多元化，广大人民群众的审美观念、欣赏能力也发生了很大变化。乌兰牧骑只有与时俱进、勇于创新，才能紧跟时代步伐，不断满足新时代人民群众对美好生活的需求。一方面，乌兰牧骑牢固树立把人民当作艺术表现主体、当作艺术审美鉴赏家和评判者的新意识，不断提高深入基层、服务农牧民的自觉性、主动性。①另一方面，乌兰牧骑还以强化文艺创作和创新节目内容为重点，树立打造新时代精品力作的意识，改进激励机制，使乌兰牧骑呈现人才辈出、精品迭出的生动局面。

乌兰牧骑在成立初期，曾创作歌曲《牧民歌唱共产党》《草原上升起不落的太阳》、独舞《奶酒献给毛主席》《彩虹》等一系列经典作品。进入新时代，乌兰牧骑还精心创作了歌曲《人民至上》、歌伴舞《草原儿女心向党》、二重唱《不忘初心》、好来宝《颂歌献给党》等作品，宣扬社会主义核心价值观。通过创作配乐诗朗诵《新征程 新辉煌》、舞蹈《党旗飘扬的方向》、陶布秀尔《党的教诲》等，学习宣传党的二十大精神。乌兰牧骑还鼓励队员创作贴近生活、具有时代特色和艺术品位的文艺作品。他们将民间优秀文化遗产吸收借鉴到创作中，形成了一大批脍炙人口的优秀作品，并将安代舞、长短调民歌等富有草原情调的民族歌舞等曲艺形式运用到创作中。②乌兰牧骑把这些新作品送到农村牧区，以群众喜闻乐见的歌舞小品歌颂党的领导，宣传党的政策，引导群众讲文明、树新风，共创幸福生活，切实

---

① 吉日嘎拉:《当好新时代的红色文艺轻骑兵》,《内蒙古日报（汉）》2018年1月12日第10版。
② 刘云伶、曹曙光等:《草原上常青的文艺轻骑兵》,《党建》2004年第Z1期。

满足了广大群众的精神文化需求，发挥了社会主义文艺应有的作用。

乌兰牧骑在创作上始终坚持"百花齐放，百家争鸣"的"双百"方针、"为人民服务、为社会主义服务"的"二为"方向、"贴近实际、贴近生活、贴近群众"的"三贴近"原则，[①] 认真落实习近平总书记关于文艺工作的要求，推动文艺作品创新，将有生活、有思想、有教育意义、有时代气息、有历史文化内涵的文艺作品源源不断地带给人民群众。这是乌兰牧骑的独特优势，也是乌兰牧骑精神的重要体现。

（三）不断引领文艺队伍建设，造就和培育一大批德艺双馨的名家大师和高水平艺术人才

在乌兰牧骑精神引领下，乌兰牧骑不断加强文艺队伍建设，造就了一大批德艺双馨的名家大师，培育了一大批高水平的创作人才。多年前，内蒙古自治区就已将乌兰牧骑人才培养纳入了自治区文艺人才培养的整体规划中，同时，也将乌兰牧骑人才培养纳入了自治区文艺拔尖人才和文艺新人的培养计划中。在日常工作中，乌兰牧骑善于发现人才、培育新人，培养了一大批高水平的音乐、编剧、舞美等幕后工作者。他们一专多能，具有强烈的服务基层群众的优秀品质。许多队员吹拉弹唱兼通，部分队员甚至还兼任会计、伙食管理员、汽车司机等职。

在60多年的发展历程中，乌兰牧骑从小到大，队员由少到多。通过长期的艺术实践，乌兰牧骑为内蒙古自治区和国家文艺团体输送了大量文艺人才。目前，内蒙古自治区已有乌兰牧骑队伍70多支，每年

---

① 张惠熙：《切实把握乌兰牧骑精神的民族和时代特色》，《党建》2019 年第 5 期。

演出超过7000场。队伍在壮大，但乌兰牧骑的方向没有变、宗旨没有变。在扎根生活、服务人民的伟大实践中形成的乌兰牧骑精神，已经成为内蒙古各族人民的宝贵财富和精神标识。从乌兰牧骑走出了许多享誉草原和活跃于全国艺术舞台的艺术家，如牧兰、拉苏荣、德德玛、图力古尔、金花、道尔吉仁钦、巴达玛、达日玛、那顺等。他们的天赋在乌兰牧骑充分展现，他们的才干在乌兰牧骑充分发挥。乌兰牧骑为几代少数民族民间优秀文艺人才提供了展示舞台，也在同人民的密切联系中，传承和延续了乌兰牧骑精神。[①]近年来，内蒙古自治区在全区组织开展"弘扬乌兰牧骑精神，到人民中间去"等基层综合服务活动，还组建了"草原综合服务轻骑兵"，向偏远的基层提供文艺、政策、科技、卫生、乡村振兴等多项综合服务。乌兰牧骑的队员坚定理想信念，坚持党的领导，始终将国家和人民的利益放在首要位置。在党的指引下，乌兰牧骑茁壮成长，他们用文艺的形式宣传党的

2017年，乌兰牧骑队员下乡慰问演出

来源：中共苏尼特右旗委宣传部

① 周竞红：《乌兰牧骑：内蒙古各民族团结进步的优秀文化品牌》，《中央民族大学学报》（哲学社会科学版）2020年第4期，第51—58页。

路线方针政策，保持"红色文艺轻骑兵"明亮的底色，成为文艺战线上一面鲜红的旗帜。

乌兰牧骑弘扬主旋律，传播正能量。他们始终坚持传承社会主义文艺的要旨精神，一以贯之地坚守着"为历史存正气，为民族聚精神，为社会弘美德"的思想原则，维护在中国共产党领导下的"民族团结，国家统一"的坚定立场，矢志不移地发挥着在中国特色社会主义伟大事业中的重要作用。这面文艺战线的旗帜不仅树立在内蒙古大草原上，也飘扬在中华各族儿女的心上。

第二节　乌兰牧骑精神的历史地位

乌兰牧骑精神有着重要的历史地位。乌兰牧骑精神是草原文化的广阔延伸，是人民文艺发展方向的重要代表，也是基层治理理念的具体体现。

一、草原文化的广阔延伸

乌兰牧骑精神诞生于生命力极强的内蒙古大草原，天然地具有草原文化的鲜明特质。草原文化涵养了乌兰牧骑精神，同时，乌兰牧骑精神也为草原文化注入了新的活力与生机，并不断延伸草原文化的广度和深度。

（一）传承弘扬草原文化

乌兰牧骑精神是草原文化的传承者。乌兰牧骑精神产生于内蒙古大草原，发展于内蒙古大草原，它沿袭了草原文化的优良传统，传承了草原文化的底蕴精髓，是草原文化盛开出来的娇艳花朵。

乌兰牧骑精神的源泉是草原文化，草原文化滋养着乌兰牧骑精神。60多年来，乌兰牧骑以音乐、舞蹈、说唱等独特方式，传承了崇尚自然、践行开放和恪守信义的草原文化理念。

乌兰牧骑精神散发着崇尚自然的气息。乌兰牧骑的民族传统艺术形式——长调、呼麦、马头琴演奏等，大多是取之于自然界的天籁之音，这些美妙的音乐表现了草原人民对大自然的热爱和守护。而挤奶舞、顶碗舞、安代舞则体现了草原人民在劳动中对大自然的尊重和感恩。崇尚自然还表现在草原人民在生产活动中对大自然保持着适度索取和节约节制的意识。乌兰牧骑的许多特点和作风，都体现了崇尚自然的理念，如由一专多能、身兼数职的队员组成的短小精悍的文艺队，便于流动演出的简单车马和乐器，以苍天为幕布、以大地为舞台的演出背景等。

乌兰牧骑精神体现着践行开放的思想。践行开放是指草原民族适应社会变化，不断开拓进取的思想。乌兰牧骑既注重传承和挖掘蒙古族优秀传统艺术文化，又善于学习其他民族优秀文化的内容与形式，不断进行艺术的创造和创新。多年来，乌兰牧骑一直将蒙古族特色的歌舞、杂技、服饰等融入艺术创造中，并以其独有的艺术特色进一步丰富了中华文化的内容。

乌兰牧骑精神彰显着恪守信义的传统美德。草原地广人稀，农牧民的生活起居和平常的农牧业生产活动大多是自家做主，生产生活呈现出自由、松散、简约的特征，因而重信义成为草原民族不成文的乡规民约。恪守信义既是草原民族之间内部交往遵守的信条，也是草原民族与其他各民族交往、联系、合作的原则。

（二）创新延伸草原文化

乌兰牧骑精神是草原文化的发展者。随着时代的进步，草原文化也被注入了新的内涵。乌兰牧骑精神适时抓住历史发展的机遇期，既以草原文化为基础涵养自身，又以自身为载体发展草原文化。乌兰牧骑精神也因其不断创新发展而始终保持生机活力。

中华文化博大精深，56个民族中的每一个民族，都拥有自己独特的文化。这些不同的文化之所以能够源远流长，就在于中华文化多元一体、和而不同的内在建构。正是在不同文化的一次次汇聚、交融、创新中，中华文化的包容性一次次加强，中华文化所产生的向心力进一步凝聚。

内蒙古大草原上生活着蒙古族、汉族、满族等多个民族。乌兰牧骑是穿梭在大草原蒙古包之间的精灵，他们像海绵一样吸收着各民族文化的精华。基于此，乌兰牧骑创作出了许多传世经典，如《鄂尔多斯婚礼》《顶碗舞》《筷子舞》《安代舞》《炒米飘香》《腾飞的骏马》等，这些文艺作品象征着不同地域、不同类型文化的交融，是乌兰牧骑精神推动发展草原文化的重要体现。

乌兰牧骑是一支公益性的文化先锋队，它传承草原文化，弘扬红色文化，升华农牧民的精神世界。乌兰牧骑队员们肩负着向农牧民提供红色文化、草原文化的重要任务，对于满足广大农牧民的精神文化需求作用巨大。在观看乌兰牧骑经典作品时，农牧民不仅身心愉悦，还会在欣赏表演的过程中体悟作品中深刻的人生哲理，领会作品中丰富的文化内涵。如今，乌兰牧骑仍然以节目演出为主要方式，同时兼顾宣传红色思想、辅导艺术文化和生活服务，他们通过向人们提供艺术产品的方式，在精神层面愉悦草原人民，给草原人民带来艺术上的享受，丰富草原人民的生活。乌兰牧骑的作品浓缩了草原人民的众多文化，为草原文化的传承和发展作出了重要贡献。

二、人民文艺的典型代表

社会主义文艺，从本质上讲，就是人民的文艺。乌兰牧骑是社会主义人民文艺的标兵和样板。能不能"以人民为中心"，对文艺来说不是一件小事情，而是判断先进和落后的分水岭，判断是否实现"党性原则"和"创作自由"相统一的试金石。在乌兰牧骑精神的指引下，乌兰牧骑真正做到了以人民为中心，代表人民文艺的发展方向。

（一）持续扎根生活沃土，服务基层群众

长期以来，乌兰牧骑形成了"扎根生活沃土，服务基层群众"的乌兰牧骑精神。"扎根生活沃土"是指艺术家要关注现实生活、深入现实生活、尊重现实生活、反映现实生活、引领现实生活。"服务基层群众"是一个随着时代的变化而变化的命题，艺术家只有在艺术创作中尊重和发扬人民群众的主体地位和首创精神，想人民群众之所想，与人民群众同呼吸共命运，为人民服务才能落到实处。

乌兰牧骑是一种"轻骑兵"式的文艺团体，无论是定居点还是放牧点，只要有一个农牧民，乌兰牧骑就会去演出。草原上的这些"红色文艺轻骑兵"，真真切切地把为劳动群众获得文艺地位和美学权利这件事落到了实处。乌兰牧骑的产生与发展，是与内蒙古自治区自然地理条件的特点分不开的。原来农牧民是"找"文艺看、"讨"文艺看，现在是乌兰牧骑"送"文艺给他们看，把文艺"送"到他们身边。这不仅使群众艺术欣赏方式发生了变化，而且也带动了艺术生产方式的变化。乌兰牧骑到基层去，到广大的农牧民群众当中去，不管路途多远，不管人多人少，始终"迎风雪、冒寒暑，长期在戈壁、草原上辗转跋涉，以天为幕布，以地为舞台，为广大农牧民送去了欢乐和文明，传递了党的声音和关怀"①。

1972 年，乌兰牧骑在草原巡演

邢宗仁 / 摄

---

① 《习近平回信勉励乌兰牧骑队员 大力弘扬乌兰牧骑优良传统 永远做草原上的"红色文艺轻骑兵"》，《人民日报》2017 年 11 月 22 日第 1 版。

（二）创造人民群众喜闻乐见的艺术作品

艺术创作以人民为中心，需要从群众中来，到群众中去。要想创作出人民群众真心喜爱的原创精品，就必须善于在生活中发现问题、熟悉问题、理解问题，从而更好地表现问题。习近平总书记在中国文联十大、中国作协九大开幕式上指出："走入生活，贴近人民，是艺术创作的基本态度；以高于生活的标准来提炼生活，是艺术创作的基本能力。文艺工作者既要有这样的态度，也要有这样的能力。"① 艺术可以张开想象的翅膀尽情飞翔，但一定还要落脚到祖国的大地上。深入生活、深入基层永远是优秀文艺作品诞生的前提。人民群众的生活中有最淳朴的民风民情，有最斑斓的社会场景，有最朴素的真理和最真挚的情感，有最鲜活的语言和最感人的故事。

正是因为60多年来在大地上书写、在人民中放歌，乌兰牧骑的艺术创作才获得了震撼人心的强大力量。乌兰牧骑的艺术创作，一方面从人民群众的现实生活中提炼艺术素材，另一方面也从民族民间传统艺术中汲取营养。乌兰牧骑早期创作的许多音乐曲目，旋律来源于内蒙古自治区不同地域不同民族的民歌。如根据鄂尔多斯民歌改编的《红旗一代传一代》《礼物》《学大寨》等，这些歌曲结构短小精悍，节奏明朗有力，情绪欢快活泼，歌词言简意赅，曲调优美动听。根据达斡尔族民歌改编的《映山红花满山坡》，音调热情奔放、委婉多变、节奏鲜明，对比达斡尔民族在旧社会受苦、受难、受压迫，描写了新中国成立后达斡尔人民过上幸福美好生活的情感变化。根据蒙古族民歌改编的《公社的牧场》《草原上建起了钢铁城》《我的家

① 习近平：《在中国文联十大、中国作协九大开幕式上的讲话》，《人民日报》2016年12月1日第2版。

乡》等，都属于蒙古族的叙事歌曲，描写了蒙古族人民的生活，且易于演唱。还有根据内蒙古自治区西部民歌改编的《今年"铁牛"闹春耕》，节奏欢快，以十六分音符为主，其嘹亮、悠长、亲切的曲调，引人入胜。根据内蒙古自治区不同地域不同民族的民歌改编的曲目，其共同特点都是依曲填词，结构精练。曲调是群众耳熟能详、喜闻乐见的，而歌词则是由乌兰牧骑演职人员或其他专业文艺工作者创编的，这些歌词有的是歌颂党的，有的是歌颂人民的，还有的是描写自然环境的，等等。这些作品被乌兰牧骑搬上舞台后，得到了农牧民群众的真心喜爱。

2014年10月15日，习近平总书记在文艺工作座谈会上指出："以人民为中心，就是要把满足人民精神文化需求作为文艺和文艺工作的出发点和落脚点，把人民作为文艺表现的主体，把人民作为文艺审美的鉴赏家和评判者，把为人民服务作为文艺工作者的天职。"[①] 坚持以人民为中心的创作导向，要求广大文艺工作者充满热情地面对人民。乌兰牧骑的艺术创作，始终以表现人民群众的火热生活和思想感情为中心。

1965年，人民音乐出版社出版了内蒙古自治区文化局编的《乌兰牧骑之歌》，一共收编了50多首歌曲、歌舞曲、器乐曲、表演唱等各种形式的作品。这些作品体现了乌兰牧骑在创作上和表演上的人民化导向，反映了劳动人民的日常生活，如广大农牧民歌颂党、歌颂民族团结的《我愿骑上枣红马》《各族人民心连心》；歌唱家乡的《内蒙古好地方》《鄂伦春之歌》等。作品中还包括大量讴歌新人新事的内容，如《劳动模范娜布其玛》《牧马英雄》等，刻画出各条战线上英

---

① 习近平：《在文艺工作座谈会上的讲话》，《人民日报》2015年10月15日第2版。

雄人物的事迹和品质。还有萨克斯合奏《好日子》《幸福永远》等，展现了草原儿女对祖国的真诚祝福和对美好生活的热切向往。这些作品构思新颖，刻画的人物生动典型，具有浓厚的生活气息。

三、基层治理理念的具体体现

基层治理是国家治理的基石。基层治理如果不能筑牢根基，国家治理的"大厦"就会出现问题。党的十九届四中全会上审议通过了《中共中央关于坚持和完善中国特色社会主义制度、推进国家治理体系和治理能力现代化若干重大问题的决定》（以下简称《决定》）。该《决定》给各地区的基层治理提出了很多具体要求和战略部署。基层治理是一项复杂的系统性工程。在内蒙古自治区的基层治理工作中，乌兰牧骑精神发挥了重要作用。乌兰牧骑精神，是党的基层治理理念的具体体现。

（一）推进民族团结和谐

乌兰牧骑精神在推进民族团结和谐方面发挥了重大作用。文艺是社会变革中较为敏感的部分，也是思想观念传播的常见载体。乌兰牧骑精神以乌兰牧骑这样的文艺团体为载体，深入偏远农牧区，把党的民族团结政策，以广大人民群众喜闻乐见的方式带到每一顶帐篷里，成为社会主义文艺推进民族团结和谐的成功范例。

乌兰牧骑在服务人民群众的实践中，传承和创新了优秀民族文化。乌兰牧骑是一支属于各民族人民、尤其是内蒙古自治区农牧民的文艺演出宣传队。他们将党和国家关于民族平等、民族团结和共同繁荣发展的路线方针政策切实到位地宣传给消息相对闭塞的农牧民，是党和农牧民信息传达的桥梁；他们用本地民族语言、方言演绎自己民族的瑰丽作品，展示各民族人民生活习俗，令观众有语言共通之感，且情感上容易产生共鸣；又将各族文化相融合的状态体现在节目中，在观众欣赏精彩节目的同时，将民族平等、民族团结的思想，春风化雨般地落进人们的心田。

　　乌兰牧骑始终在内蒙古自治区各族人民中宣传党关于民族团结的理论与政策，让各民族大团结之花越开越盛。乌兰牧骑扎根于民族文化的沃土，从草原故事中不断获取素材和灵感，形成了民族特色鲜明、生活气息浓郁的民族文化艺术形式。在不断丰富发展民族文化的过程中，乌兰牧骑将民族团结进步教育贯穿其中，增强了内蒙古自治区各族人民对伟大祖国、中华民族、中华文化、中国共产党、中国特色社会主义的认同。乌兰牧骑以人民文艺特有的形式建构农牧区新型社会关系，为推进民族团结起到了积极作用。

　　（二）推动民族文化发展

　　新中国成立初期，历经百年战乱的中华大地，还处于经济社会恢复发展阶段，民众的精神文化生活还相对匮乏，偏远的少数民族地区尤甚。当时，我国还未具备先进、便捷的宣传媒体，内蒙古自治区旗县以上的城市能观赏到的艺术演出也是少之又少，广袤草原上的牧区更是罕见。在这种条件下，乌兰牧骑应运而生。一群热爱民族文化的乌兰牧骑队员们，不断采集古老文化信息，在尊重民族传统的基础上精改细编，创作出了许多内容丰富且接地气的文艺作品。经过对传统文化的继承、创新与融合，内蒙古的民歌、器乐和舞蹈等艺术得到了很好的传承与发展,其普及面也不断扩大。

乌兰牧骑始终高举先进文化旗帜,坚持"文艺为人民服务、为社会主义服务"的方向和"百花齐放、百家争鸣"的方针,以丰富人民群众文化生活形式、提高人民群众文化生活质量为中心任务,紧紧围绕地方经济建设、社会稳定进步的大局,为建设具有时代特征和区域特色的社会主义先进文化作出了重要贡献。

同时,乌兰牧骑还站在内蒙古自治区文化建设的政治高度,肩负地区精神文明建设的重任,把党的方针政策、科技致富信息、先进生产方式、健康生活方式带给农牧民群众。乌兰牧骑不断改进服务方式,拓展服务领域,提高服务质量,增强服务效果,深深扎根于人民群众之中,牢牢根植于民族文化沃土,不断汲取民族民间文化遗产中的营养,继承和发扬民族文化精粹;乌兰牧骑积极探索新的表现形式和表现手法,在创作内容、形式、风格上大胆创新,增强艺术作品的表现力和感染力,从而赢得了广泛的群众基础。只要人民群众需要了、拥护了,乌兰牧骑就有了繁荣和发展的天地,乌兰牧骑创造和发挥社会效益的空间就会越来越广阔。

60多年的发展历程,沉淀的不仅仅是民族文化的精髓,更展现了社会主义文化事业的强大生机与活力。乌兰牧骑为推动民族文化发展所做的努力,充分彰显了乌兰牧骑事业的民族性、人民性和时代性,完美呈现了乌兰牧骑艺术的民族美、淳朴美和简约美。这对于宣传党的民族政策,巩固和发展平等、团结、互助、和谐的社会主义民族关系,维护祖国统一和社会稳定,加速民族地区经济、文化的发展,促进全国各民族的共同繁荣,都具有十分重要的意义。

第三节　乌兰牧骑精神的时代意义

诞生于内蒙古大草原的乌兰牧骑精神，是中华民族的产物。新时代学习、研究、弘扬乌兰牧骑精神，对于培育和践行社会主义核心价值观、不断满足人民日益增长的美好生活需要、巩固全体人民团结奋斗的共同思想基础、推进国家治理体系和治理能力现代化，都有着重大意义。

一、有助于不断满足人民日益增长的美好生活需要

"乌兰牧骑的长盛不衰表明，人民需要艺术，艺术也需要人民。"[①]乌兰牧骑精神有助于不断满足人民日益增长的美好生活需要。当前，我们要继续发扬乌兰牧骑精神的优良传统和时代价值，继续书写乌兰牧骑精神"扎根基层、服务人民"的新篇章，为不断满足人民日益增长的美好生活需要作出新的更大贡献。

（一）坚持心中有人民，精准对接群众困难

心中有民，方能务实为民。乌兰牧骑精神的根基在民、血脉在民、力量在民。60多年来，乌兰牧骑笑对酷暑严寒、莽原沙海。乌兰牧骑队员们不讲条件，不计名利，牧场毡包、田间地头、林场哨卡、厂房车间，处处都有他们的身影。乌兰牧骑始终保持与农牧民群众血肉相连的

---

① 《习近平回信勉励乌兰牧骑队员 大力弘扬乌兰牧骑优良传统 永远做草原上的"红色文艺轻骑兵"》，《人民日报》2017年11月22日第1版。

亲密关系，精准对接农牧民群众的现实难题，急群众之所急，解群众之所需，时刻把农牧民群众的冷暖放在心上，做农牧民群众的贴心人。

进入新时代，我们要积极弘扬乌兰牧骑精神。乌兰牧骑要坚持一切以人民为中心的服务意识，与人民群众同呼吸共命运，为偏远地区农牧民服务，为乡村振兴贡献力量。首先是坚持心中有民，发扬"红色文艺轻骑兵"的本色，为广大人民群众传递党的声音。围绕党的新思想、新观点、新论断、新举措，创作编排一批反映新时代精神风貌的文艺节目，深入基层、深入群众演出，推动习近平新时代中国特色社会主义思想在民众中落地生根、开花结果，激发全国各族干部群众共圆中华民族伟大复兴中国梦的热情。其次是牢记对人民群众的深厚情感，履行好全心全意为农牧民服务的核心理念，心无旁骛地为群众服务，把人民的冷暖、人民的幸福放在心中，积极发现和解决人民群众的困难，始终怀着对党和人民的深情去演出、去宣传、去辅导、去服务，像对待亲人一样对待群众，始终与广大群众保持密切联系。最后，还要到人民中间去，与人民群众共进退。坚持植根基层、艰苦奋斗的建队方针，牢记"人民需要艺术"，深入农村牧区、城镇社区、机关单位、企业学校、军营警营，深入偏远地区、边境旗县，做到哪里有人民、哪里有群众，哪里就有乌兰牧骑的旗帜高高飘扬，自觉地在实践中为人民服务。

（二）坚持肩头有责任，精准解决群众困难

在乌兰牧骑精神的指导下，乌兰牧骑始终坚持植根基层、情系群众。乌兰牧骑把健康丰富的精神食粮送到农牧民身边，把党和政府的关怀温暖送到农牧民心中，让农牧民真真切切地感受到了欢欣和喜悦。自20世纪50年代开始，乌兰牧骑就已经开始发光发热。他们在偏远民族地区宣传党的路线方针政策，传播科学知识以及先进的生产技术、生活方式，改变长期以来遗留于民间的封建意识、迷信思想和不良陋俗。他们用实际行动诠释了社会主义文艺为人民服务的宗旨和方向，乌兰牧骑这个名字，也远远超过了它本来的含义（"红色的嫩芽"），成为全心全意为人民服务的代名词。

新时代坚持和弘扬乌兰牧骑精神，要坚持"全心全意为人民服务"的宗旨，面对面到群众中去，实打实为群众谋幸福。一来，要自觉承担责任，精准解决群众困难，做到"民呼我应，民需我为"。乌兰牧骑要主动肩负起满足人民日益增长的美好生活需要的使命，在习近平文化思想的指导下，坚持下基层，做好演出、服务工作，切实满足农牧民群众对文化生活和艺术审美的需求，推进文化惠民等综合服务深入基层，走出一条新时代文艺服务人民之路。二来，要自觉对照党和人民的要求，在思想上和工作上寻找差距，解决深层次问题，精准落实政策措施。传承乌兰牧骑精神，最具体、最实在、最有效的行动，就是坚持以人民为中心，把欢乐和文明带给各族人民群众，在实践中自觉对照党和人民的要求，不断改进体制机制以适应时代的变化，持续为广大人民群众宣传好党和国家的声音，把党和国家的政策措施落到实处。同时，还要求真务实，扬长避短，以扎实的作风、有效的措施，帮助群众办实事、解难题。借助乌兰牧骑演出时群众相对集中的契机，各相关部门可联合行动，多管齐下，将政策宣讲、文化辅导、医疗帮扶、农牧业知识普及、法律援助等服务项目整合起来，为偏远农牧区提供综合性服务，为解决群众困难提供新路径。

2016 年，乌兰牧骑队员为赛罕乌力吉苏木
额很乌苏嘎查的牧民群众打了一口机井
来源：中共苏尼特右旗委宣传部

（三）坚持胸中有大义，明确服务人民是乌兰牧骑精神的活水源头

60多年来，乌兰牧骑根扎在农牧区的沃土，和农牧民打成一片，被称为"玛奈乌兰牧骑（我们的乌兰牧骑）"。乌兰牧骑踏踏实实跟党走、无怨无悔赴基层、一心一意谋服务、勤勤恳恳作贡献，用实际行动回答了"我是谁、为了谁、依靠谁"这一重大命题。"从贫下中牧的蒙古包，到人民解放军的边防哨所，到处都留下了他们的足迹，到处都传遍了他们的歌声。"[①]

---

① 《乌兰牧骑在前进》，内蒙古人民出版社 1974 年版，第 42 页。

新的历史时期，乌兰牧骑精神紧跟社会发展步伐，在时代的打磨下焕发出了新的生机。"人民日益增长的美好生活需要"要求文艺队伍扎根一线基层、回应人民期待。继续发挥乌兰牧骑精神的优良传统，需要不断创作更多接地气、传得开、留得下的优秀作品。因此，走进新时代、发挥新作为、创作新篇章成了乌兰牧骑服务人民的新要求、新使命和新担当。将习近平新时代中国特色社会主义思想以文艺作品的形式展现给广大农牧区群众，让新思想的春风吹遍内蒙古大地、吹遍北疆草原，把党和国家的关怀传递到农牧民心中，是乌兰牧骑在新时代的重大课题。同时，乌兰牧骑还要运用丰富多样的载体和活泼生动的形式，反映时代和人民的心声，积极调动广大人民群众加入祖国文化建设的阵营，继续为新时代社会主义文化事业书写新篇章，为中国特色社会主义事业奏响新乐章。

二、有助于培育和践行社会主义核心价值观

乌兰牧骑精神既体现着吃苦耐劳的志愿服务精神，也内蕴着强烈的责任担当意识，对培育和践行社会主义核心价值观、推动中国特色志愿服务发展具有重要作用。

（一）坚持服务人民，促进农牧民对社会主义核心价值观的认同

乌兰牧骑精神归根结底来自农牧民，来自农牧民的生活，来自农牧民对祖国、对家乡、对人民的深厚感情。乌兰牧骑精神就是这样从草原大地里生长出来、从日常生活中积累出来的，它以博大精深的民族传统文化为底蕴，在保持鲜明的民族风格和地域特色的同时，面向

基层、面向群众。在乌兰牧骑精神的指导下，乌兰牧骑适应农牧区居住分散的特点，为农牧民提供了综合性服务。在文艺演出过程中，乌兰牧骑积极寻求与农牧民的价值共识，坚持以趣引人、以情感人、以志励人，充分发挥社会主义核心价值观的引领作用，切实增强社会主义核心价值观在广大农牧民心中的认同感。

乌兰牧骑精神自诞生以来，从不脱离民间土壤。它以乌兰牧骑为载体，以天为幕布，以地为舞台，把国家的关怀带给基层，也把自己融入广袤草原这道美丽的风景线。新时代发扬扎根基层、服务人民的乌兰牧骑精神，要把文艺作品作为弘扬主旋律、传播正能量的先锋，切实提高党的宣传工作的针对性和实效性。同时，创作出紧扣时代脉搏的作品，通过富有感召力和情感凝聚力的文艺作品，深入宣传党的路线方针政策，展示乡村振兴成果，讴歌富有时代精神的先进典型，为培育践行社会主义核心价值观发挥积极作用。此外，还要结合时代发展脉搏，不断开拓创新，丰富和发展乌兰牧骑的表演艺术，使民族传统文化在新时代彰显出独特的价值，为乌兰牧骑精神注入新的活力。

（二）坚持勇于奉献，为新时代推进志愿服务工作提供范本

乌兰牧骑始终忠诚于党、热爱人民，情系农牧民、服务农牧民，把党的声音和关怀传遍千里草原，是社会主义文艺事业的鲜明旗帜。同时，乌兰牧骑甘于奉献的精神和长期服务人民的实践，也为新时代推进志愿服务工作做出了榜样示范。

60多年来，乌兰牧骑始终不忘"为人民服务、为社会主义服务"的初心，牢记"宣传社会主义先进文艺"的使命。他们以"哪里最偏

僻就到哪里去！"①为口号，"爬过一座沙窝又一座沙窝，三四匹马拼着命地挣扎，走上两步停一下，走上几丈远就歇一会儿"②；遇到山洪，队员们"赤脚过河探路，找到路后又返回来牵马过河"。③一代又一代乌兰牧骑队员迎风雪、冒酷暑，走基层、下田野，深入基层、扎根基层，与基层群众同吃同住，把火热的青春、才华和生命奉献给了党的文艺事业，奉献给了农牧民。正是这种无私的奉献，成就了乌兰牧骑精神。

乌兰牧骑植根基层、情系群众、艰苦奋斗、无私奉献的优良作风，体现了乌兰牧骑全心全意为人民服务的核心理念。乌兰牧骑队员不辞辛劳、不畏寒暑的艰苦奋斗精神，以及服务他人、不计回报的甘于奉献精神，为新时代推进志愿服务工作提供了范本。

（三）融入国民教育全过程，发挥乌兰牧骑精神的教化功能

国民教育是培育和践行社会主义核心价值观的重要阵地。乌兰牧骑始终坚持把草原文化和社会主义先进文化融合在一起，创造出了大量讴歌祖国、讴歌英雄、讴歌人民的优秀文化作品；用文艺演出的形式传递党和国家的路线方针政策，既服务了广大牧民群众，也扎实推进了党的意识形态工作；乌兰牧骑用情感化群众，用理教化群众，把解决群众实际问题和思想问题结合在一起，传播和弘扬向善向上、拼搏奋斗、守望相助的精神力量。乌兰牧骑把文艺传播融入国民教育的全过程，自觉把党的政策和社会主义新文化送到最偏远的牧区，送到

---

① 《乌兰牧骑：红色文化工作队》，中国戏剧出版社1965年版，第30页。
② 达·阿拉坦巴干、朱嘉庚：《乌兰牧骑赞》，内蒙古自治区乌兰牧骑学会2007年版，第71页。
③ 达·阿拉坦巴干、朱嘉庚：《乌兰牧骑赞》，内蒙古自治区乌兰牧骑学会2007年版，第72页。

牧民的蒙古包里，充分发挥了志愿服务的教化作用。

进入新时代，深入推进乌兰牧骑精神融入国民教育全过程，充分发挥乌兰牧骑精神的教化功能，对于引导广大农牧民树立正确的社会主义核心价值观、调动广大农牧民全面建设社会主义现代化国家的积极性，具有重要意义。

三、有助于巩固全体人民团结奋斗的共同思想基础

乌兰牧骑创作了许多具有民族形式、区域特点的文艺作品，得到群众的真心喜爱。这些作品在丰富农牧民文化生活的同时，也加强了农牧民的爱国主义、集体主义、社会主义、共产主义和民族团结的思想教育。事实证明，乌兰牧骑的实践，有助于密切党和人民群众之间的关系，有助于增强各族人民对伟大祖国、中华民族、中华文化、中国共产党、中国特色社会主义的认同，有助于社会主义思想文化在边疆少数民族群众中生根发芽，有助于巩固全党全国人民团结奋斗的共同思想基础。

（一）坚持民族团结，促进各族文化交流融合

乌兰牧骑从诞生之日起，就是一个团结的队伍，他们是民族团结进步的优秀模范，为促进各族文化的交融作出重要贡献。乌兰牧骑的队员来自蒙古族、汉族、达斡尔族等多个民族，其本身就是一个团结的民族大家庭。无论是队员们的一专多能业务培训、还是队与队之间的相互比拼提高，无论是老队员对新队员的传帮带、还是队员们集体为群众的真情服务，都彰显了乌兰牧骑大集体的精诚团结精神。乌兰

牧骑用心、用情、用力塑造了经久不衰的乌兰牧骑精神，增强了各族人民对中华优秀传统文化的理解与包容，在助力民族团结进步事业高质量发展中发挥了重要作用。

把各族人民紧紧团结在党中央周围，共同创造繁荣灿烂的民族文化，是乌兰牧骑的重要使命。乌兰牧骑运用独具特色的民族文艺表现形式，为新时代中国特色社会主义文化的发展作出了贡献。乌兰牧骑广泛开展在农村牧区、乡镇社区的巡演，推动习近平新时代中国特色社会主义思想深入人心，使各族人民更加紧密地团结在以习近平同志为核心的党中央周围，凝聚共识、汇聚力量，为形成共圆中华民族伟大复兴中国梦凝聚磅礴力量。而发扬乌兰牧骑团结拼搏的精神，以实际行动帮扶和团结各族群众，也促进了各族文化的相互交融与繁荣发展。

2018 年，编创歌舞情景表演节目《总书记的回信》演出

来源：中共苏尼特右旗委宣传部

（二）坚持守望相助，铸牢中华民族共同体意识

乌兰牧骑精神始终坚"守"职责、登高"望"远、团结"相助"，为铸牢中华民族共同体意识作出了突出贡献。乌兰牧骑精神蕴含着深厚的民族团结精神，是内蒙古自治区深化民族团结进步教育的重要载体。长期以来，乌兰牧骑把多民族文艺要素融入自身的创作和表演中，让中华民族文化更加丰富多彩，更加充满活力。乌兰牧骑以帮助农牧民群众的实际行动为纽带，把自己与农牧民紧紧凝聚在一起，借助文艺之力增加各民族之间的感情交融，在铸牢中华民族共同体意识上发挥了自己的独特优势和重要作用。乌兰牧骑始终不忘初心、牢记使命，坚持繁荣发展社会主义文化事业，把社会主义核心价值观传送进每一顶蒙古包，在润物细无声中，构筑各民族共有精神家园，增强农牧民的情感归属与价值认同。

维护国家统一和加强民族团结是中华民族永恒不变的追求，也是历史发展的必然趋势。因此，要高举各民族大团结旗帜，全面贯彻党的民族政策，深化民族团结进步教育，践行守望相助理念，铸牢中华民族共同体意识。要"在各族群众中加强社会主义核心价值观教育"，因为这对"构筑各民族共有精神家园、铸牢中华民族共同体意识至关重要"①。长期以来，乌兰牧骑为坚持守望相助、铸牢中华民族共同体意识作出了重要贡献。

（三）持久团结，助力民族团结进步事业之花常开常盛

中华民族是一个由56个民族组成的统一的多民族国家。在长期的历史发展中，各民族在政治、经济、文化等方面相互依存、不可分

---

① 习近平：《在全国民族团结进步表彰大会上的讲话》，《人民日报》2019年9月28日第2版。

离。自古以来，民族团结、国家统一就是我国历史发展的主流。乌兰牧骑精神长期致力于促进民族团结，春风化雨般地增强了民族凝聚力。

乌兰牧骑精神始终以社会主义先进文化巩固全党全国各族人民团结奋斗的共同思想基础，以"接地气、传得开、留得下的优秀作品"为载体，将团结平等、共同发展的民族政策植入每一位农牧民心中。乌兰牧骑紧紧围绕共同团结奋斗、共同繁荣发展的主题，秉持"重在平时、重在交心、重在行动、重在基层"的理念，按照人文化、实体化、大众化的总要求，全面深入持久地开展民族团结进步工作。大力发挥乌兰牧骑在宣传党的民族政策中的积极作用，对于铸牢中华民族共同体意识，促进各民族交往、交流、交融，具有重要意义。

四、有助于推进国家治理体系和治理能力现代化

多年来，乌兰牧骑精神一路高歌、一路成长。乌兰牧骑队员们自觉深入社会生活最基层，身沉下去，情融进去，不断创新服务形式，为群众提供更多便利、更多帮助。在深入服务群众过程中，乌兰牧骑不断推进基层公共服务和公益事业发展，为新时代建立健全充满活力的基层群众自治制度、促进社会和谐稳定、推进国家治理体系和治理能力现代化奠定了重要基础。

（一）强化乌兰牧骑精神的政治引领力，增强基层治理整体水平

乌兰牧骑精神在党的领导和指引下应运而生，具有鲜明的政治性。从起初的"嫩芽"苗壮成长为今天的七十多支队伍，乌兰牧骑

始终坚持党的领导，以群众喜闻乐见的文艺作品歌颂党的领导、宣传党的政策、传递党的关怀，在草原深处传播听党话、跟党走的政治理念，坚定各族群众的政治信念，使党的执政基础深深植根于广大农牧民群众中。

新时代要继续发扬乌兰牧骑精神，助力推进国家治理体系和治理能力现代化。我们要传承和发展乌兰牧骑精神，深刻领悟"两个确立"的决定性意义，增强"四个意识"、坚定"四个自信"、做到"两个维护"，不断增强基层党组织的政治功能，发挥基层党组织的政治引领力，使基层党组织成为坚强的战斗堡垒。同时，乌兰牧骑还需保持与基层群众的密切联系，全心全意为人民服务，在服务中更加有力、有效地发挥政治引领作用，增强基层治理水平。

（二）加强乌兰牧骑精神的组织动员力，汇聚基层治理强大合力

党的二十大报告明确指出，要增强党组织的政治功能和组织功能，推进以党建引领基层治理，持续整顿软弱涣散基层党组织，把基层党组织建设成为有效实现党的领导的坚强战斗堡垒。这是党中央从战略和全局高度对党的基层组织建设提出的定位和要求，为做好新时代基层党建工作指明了方向。

乌兰牧骑在扎根基层的过程中，队员们相互帮助、互相学习，共同成长、共同提高，并积极发挥桥梁作用，团结群众、服务群众，引导群众、带动群众。乌兰牧骑从最初的一支9人队伍，发展到现在的七十多支队伍、数千名队员，服务观众数亿人次，累计演出数十万场次，表现出了强大的组织力。他们充分发挥植根基层、服务人民的优势，把自己当成党组织联系各方群众的纽带，充分利用文艺作品的独

2023年，乌兰牧骑队员到苏尼特右旗朱日和镇巴彦德力格尔
嘎查为牧民演出

来源：中共苏尼特右旗委宣传部

特优势，以多样化、即时化、生动化的传播形式向广大农牧民宣传政治理念，形成了有效的组织动员。

　　提升组织力是推进国家治理体系和治理能力现代化的重要路径。始终保持乌兰牧骑同人民群众的血肉联系，把解决群众关切问题作为根本任务，积极回应群众对切身利益的诉求，能有效推进基层党组织的建设，提升基层党组织的社会治理水平。因此，有必要继续广泛开展乌兰牧骑在农村牧区、乡镇社区的巡演，大胆创新，拓展更多贴近人民群众需要的服务项目。同时，要充分发挥乌兰牧骑的桥梁纽带作用，深入群众，向群众宣讲党的最新理论成果，依据习近平文化思想的新要求，创新创造方式方法和艺术形式，宣传好新时代党和国家的政策法律，在艺术作品中融入正确的国家观、历史观和民族观以及各类生活知识。不断增进政治认同、思想认同、理论认同、情感认同，引导群众坚定不移听党话、感党恩、跟党走，把人民群众汇聚成全面建设社会主义现代化国家的强大合力。

（三）夯实乌兰牧骑精神基础，筑牢基层治理有力支撑

扎根基层、服务农牧民是乌兰牧骑精神的本质体现，也是乌兰牧骑事业发展的根本要求。面对时代变迁和环境条件变化，乌兰牧骑始终坚持面向基层、服务农牧民的正确方向不动摇，保持了队伍的性质、特点、本色没有变。一直以来，乌兰牧骑不断挖掘、创作、表演具有时代特征的故事和剧目，把党的重要理论、重要政策带到群众当中。乌兰牧骑以文艺演出的形式给广大农牧民带去了精神食粮，进一步加深了党和国家与农牧民群众的联系，也促进了农牧民群众之间的社会交往，这对于促进基层社会的稳定和谐、巩固党的执政基础有着重要作用。

新时代建立健全充满活力的基层群众自治制度，推进国家治理体系和治理能力现代化，务必抓基层、打基础，筑牢国家治理的根基。因此，有必要传承和弘扬乌兰牧骑精神，保持同人民群众的血肉联系，把服务人民落到实处，充分发挥乌兰牧骑在基层文化阵地中的作用，广泛开展演出、宣传、辅导、服务等活动，充分调动广大农牧民群众参与基层治理的积极性、主动性和创造性。同时，要坚持把基层治理与贴心服务人民融为一体，着力解决群众生活中的急难愁盼问题，以高质量的服务贴近群众、团结群众、引导群众、赢得群众，不断增强基层党组织的凝聚力、向心力、战斗力。此外，还要不断从群众中汲取营养，为民族艺术的发展找到新的突破，再以作品的形式，

生动地展现群众的社会生活与精神世界中伟大的社会主义文化。

乌兰牧骑精神为弘扬社会主义核心价值观、不断满足人民日益增长的美好生活需要、巩固全体人民团结奋斗的共同思想基础、推进国家治理体系和治理能力现代化作出了重要贡献、提供了宝贵经验。当前，我们要在乌兰牧骑精神的鼓舞下，时刻保持良好的精神风貌，展现积极的工作状态，不辜负人民群众的信任与期待，以永不懈怠的精神状态和一往无前的奋斗姿态，继续朝着实现中华民族伟大复兴的宏伟目标奋勇前进。

后　记

交完终稿的此刻，内心还是有些波澜的。一方面，凝聚心血写就的书稿终于出版，甚是喜悦；另一方面，因精力有限，书稿来不及反复仔细地修改打磨，还存在不足。这惴惴不安的心情像极了高考前的孩子，总觉得再有一些日子，我会准备得更好一点。

然而，时间总是推着你奔赴向前，不能后退。回溯写作的这几年，历历在目。在2018年确定书稿主题后，我开始查阅大量关于乌兰牧骑的资料，进行一系列的实地调研。在北京的图书馆，在内蒙的档案馆，忙碌地翻阅，沉静地思考……那些与纸质书本和电子资料相伴的日子，是生命里宝贵的画面。而奔赴在路上的调查研究，也给了我很多启发和收获。从蒙东到蒙西，从草原到戈壁，严寒酷暑，日升月落。我吹过冬天零下二十多度草原暴雪里凛冽的白毛风，也晒过夏季四十多度沙漠里灼人的烈日，在执着追寻乌兰牧骑足迹的同时，我也细细体味着他们曾经遇到的艰辛和经历的不易。一路上，乌兰牧骑服务广大农牧民的初心和决心给了我很多感触，祖国北疆的辽阔壮美亦给了我很多震撼，这让我不禁将劳动人民的辛苦耕耘、默默付出和我们的国泰民安、山河秀美紧紧地联系到了一起。

从1957年第一支乌兰牧骑诞生，到如今70多支乌兰牧骑队伍蓬勃发展，60多年风雨兼程，60多年砥砺前行。乌兰牧骑，这是一个动听的名字；乌兰牧骑，这是一种美好的存在。它值得被珍视，值得被歌颂，值得被载入史册。因此，站在新的时代视角，写就一本关于乌兰牧骑的著作，非常必要。在具体的写作过程中，我得到了中国社会科学院当代中国研究所张星星、中国国家博物馆国博研究院安跃华、中国社会科学院马克思主义研究院陈志刚等老师的悉心指导；在实地调研过程中，得到了中共中央党史和文献研究院李红喜、中共云南省委党校（云南行政学院）赵文能、郑州大学房之杰、北京交通大学赵祝涛等老师的鼎力协助；在书稿的校对过程中，得到了我的研究生易福庆、张珈珲和小伙伴陈悦、汤木的大力支持，在此一并感谢。最后，还要感谢无数乌兰牧骑人，是你们给了我写作的原动力。

由于研究水平有限，书中难免还存在疏漏和欠妥之处，请广大读者批评指正。

季春芳

2023年8月